이 책을 펼친 너에게 전하는 짠소리

오늘도 책상에 앉아 몸을 배배 꼬는 아이야,
한석봉인냥 앉아 보자.
자꾸 꼬다 보면 뱀 된다.

명문장이 뭔지도 모르고 책상에 앉은 아이들아,
영문도 모르고 명문장을 따라 쓰라니 답답하기도 하겠지?
10분만 해 보자.
엄마도 즐겁고, 아빠도 뿌듯하고, 너도 곧 웃게 된다.

졸린 눈 비비대며 눈을 크게 뜬 아이야,
이제 정신을 차려 보자.
보이는 족족 소리 내어 읽어 보자.
어렵지 않단다.
잠깐이면 된단다.

하얀 바탕에 알록달록한 글씨가 어지럽거든
또박또박 읽고 찬찬히 쓰면서 순간순간 생각해 보자.
어느 순간 그 글이 가슴에 와 박히면
너에게 하나뿐인 명문장이 된다.

옆에 계신 부모님이 글씨 타박하시거든
최선을 다하고 있으니 잠시만 기다려 주십사 부탁드려 보자.
지렁이 기어가듯 삐뚤거리던 글씨도
어느새 용 된다.

어려워 말고, 지루해 말고, 힘들어 말고
하루에 한 문장씩만 써 보자.
어제보다 멋지고, 오늘보다 지혜로운
네가 된단다.

기적의 명문장 따라쓰기

속담·고사성어 편

초등 1학년 이상~

길벗스쿨

어떤 일을 하면서 누군가 이렇게 말하는 것을 들은 적이 있나요?

"그건 누워서 떡 먹기군!"

'누워서 떡 먹기'는 무척 쉬운 일이라는 뜻의 우리 속담입니다. 떡을 즐겨 먹던 우리 조상들의 풍습이 이 속담에 그대로 반영되어 있지요.
이와 같은 뜻을 가진 고사성어는 '낭중취물(囊中取物)'이에요. 그대로 풀이하면 '주머니 속의 물건을 꺼내는 일'이 되지요. 주머니 속에 든 물건을 꺼내는 일은 어떤가요? 고민할 것도, 힘들일 것도 없이 그냥 가볍게 손을 넣어 꺼내기만 하면 되는 무척 쉬운 일이잖아요? 그래서 '누워서 떡 먹기'와 '낭중취물(囊中取物)'은 같은 뜻을 가진 형제 사이가 된답니다. 참 재미있지요?

속담과 고사성어에는 선조들의 재치와 옛 시대의 문화 그리고 풍습이 담겨 있어요. 속담과 고사성어를 통해 삶의 지혜와 깨달음도 얻을 수 있지요.

그래서인지 속담과 고사성어는 어느새 초등교육의 필수과정으로 자리 잡았어요. 하지만 그 많은 것들을 다 외우고 익히기는 쉽지 않은 일이지요? 억지로 달달 외운다면 그 안에 담긴 선조들의 깊고도 큰 뜻을 이해할 수 없을 것이 뻔하고요.

'술술 읽고 척척 따라 쓰다 보면 어느새 속담과 고사성어가 내 것이 되어 있을 수는 없을까?'
이것이 이 책을 쓰기 전에 제가 맨 처음 고민했던 것이었어요. 재미있는 이야기를 통해 자연스레 속담과 고사성어의 의미와 그 안에 담긴 선조들의 지혜를 깨우칠 수 있게 하는 것, 그것이 바로 이 책의 처음 목표이자 지향점이었답니다.

악기 연주를 배우자마자 너무 어렵다며 지레 포기하려는 친구에게 "제대로 해 보지도 않고 포기하면 어떡하니?"라며 비난을 하기보다는 "천 리 길도 한 걸음부터랬어."라고 이야기해 주는 것이 더 재치 있게 느껴지지 않나요?

시험 공부에 지친 친구에게는 "고진감래(苦盡甘來)를 잊지 마."라고 고사성어를 인용해 힘을 준다면 더 큰 응원의 의미를 전할 수 있을 거예요.

이 책은 이렇게 속담과 고사성어를 일상생활 속에서 잘 활용할 수 있도록 구성되어 있어요.
특히 같은 의미의 속담과 고사성어를 하나씩 짝지어, 속담과 고사성어를 따로따로 익혀야 하는
부담을 줄였어요.

우선 재미있는 옛이야기를 술술 읽어 보세요.
그런 다음, 손으로 직접 쓰면서 입으로는 따라 읽어 보고요.
어휘 마당을 통해 모르는 한자어를 익히고, 속담이나 고사성어가 어떻게 응용되는지 간단한 빈칸
채우기까지 하고 나면 하루 학습 끝!

이렇게 50일간 즐겁게 따라 쓰다 보면 어느새 속담과 고사성어가 입에 척척 붙는 것을 느낄 수
있을 거예요.

자, 《기적의 명문장 따라쓰기》로 기적을 일으킬 준비가 되었나요?
준비되었다면 오늘부터 1일차 수업을 즐거운 마음으로 시작해 보는 것은 어떨까요?

선선한 9월에 **강효미**

필사(筆寫)의 힘

바야흐로 스마트폰과 인터넷이 일상이 된 시대입니다. 타닥타닥 키보드를 두드리기만 하면 수많은 정보가 쏟아져 나오고 스마트폰을 톡톡 가볍게 터치하면 친구와 대화를 즐길 수 있습니다. 두드리고 터치하기만 하면 손쉽게 글자를 쓸 수가 있는데, 굳이 힘들여 가며 손으로 글씨를 쓸 필요가 있을까 하는 생각을 할 수도 있습니다.

그러나 많은 실험 결과들은 손으로 글씨를 쓰면 두뇌 발달에 도움이 된다고 말합니다.

[실험 1] 미국 워싱턴 대학의 버지니아 버닝거 박사는 초등학생들을 나누어 프린트 하기, 손으로 직접 쓰기, 자판기 두드리기의 실험을 했습니다. 그 결과 손으로 직접 쓰는 아이들이 키보드를 사용하는 아이들보다 더 많은 단어를 더 빠른 속도로 사용하고, 더 풍부한 생각을 표현한다는 사실을 확인했습니다.

[실험 2] 미국 인디애나 대학의 심리학자인 카린 제임스 박사는 읽기와 쓰기를 배우지 않은 어린이들을 세 그룹으로 나누어 글자와 도형을 보여 주는 실험을 했습니다. 각 그룹의 아이들에게 자신이 본 이미지를 점선을 따라가며 그리거나 직접 손으로 쓰거나 키보드를 이용해 컴퓨터에 입력하도록 했습니다. 그 결과 손으로 글자를 쓴 아이들에게서 읽기·쓰기를 할 때 활성화되는 뇌의 활동이 활발해진다는 사실을 발견했습니다. 직접 손으로 쓴 글씨는 행동의 처음 단계부터 '계획과 행동'을 요구하고 행동의 변동 가능성도 높다는 결과가 나왔습니다.

[실험 3] 캐나다 오타와 대학 재활치료학과의 카차 페더 교수에 따르면, 쓰지 않고 암기하는 것에 비해 펜으로 노트 필기를 할 때 공부한 것을 더 쉽게 떠올릴 수 있다고 했습니다. 뇌의 순환이 손으로 직접 글을 쓸 때 활성화되기 때문입니다.

이 외에도 손으로 직접 글씨를 쓰면 뇌 발달에 큰 도움을 준다는 연구 결과들이 속속 나타나고 있습니다. 많은 심리학자와 신경학자들은 손으로 글씨를 쓰면서 배운 아이들이 읽기도 빨리 배울 뿐 아니라 아이디어를 생각해 내고 정보를 얻는 능력이 더 뛰어나다고 주장합니다.

사람의 뇌에는 손과 연결된 신경세포가 가장 많습니다. 그래서 손가락을 많이 움직이면 뇌세포의 활동을 자극해서 두뇌 발달을 돕게 되는 것입니다. 치매 예방을 위해 손으로 하는 운동을 권장하는 이유도 이와 같은 데에 있습니다. 손끝에 힘을 주고 손가락을 세심하게 움직이며 글씨를 쓰다 보면 자신도 모르는 사이 두뇌 활동이 활발해져 종합 사고력이 발달하게 됩니다. 또한 손으로 글을 쓰는 것이 익숙해지면, 어린이들은 글씨를 어떻게 쓸지 걱정하는 대신 글의 주제와 구성 등에 더욱 집중할 수 있어 글쓰기에 자신감을 얻게 됩니다.

이뿐만이 아닙니다. 손으로 글씨를 쓰면 마음이 차분해지고 생각하는 힘을 기를 수가 있습니다. 키보드를 두드리게 되면 쓰는 속도가 빨라 생각할 시간이 없습니다. 하지만 손으로 한 글자 한 글자 눌러 쓰는 일에는 물리적인 시간과 정성이 필요합니다. 덕분에 손으로 쓰는 동안 생각하는 시간이 생깁니다. 사각사각 연필 소리를 들으며 글씨를 옮기는 가운데 마음이 차분해지고 집중력이 높아집니다. 또 손으로 직접 글씨를 쓰면 지우기 어렵기 때문에 한 번 더 고민해 가며 정성스럽게 쓰는 과정에서 생각하는 힘이 길러집니다. 생각을 정리하는 습관을 갖는 가운데 자연스럽게 논리적으로 생각하는 능력까지 키우게 됩니다.

책의 내용을 손으로 따라 쓰는 것을 필사(筆寫)라고 합니다. 붓으로 베껴 쓴다는 뜻이죠. 필사는 느림과 여유의 미학입니다. 오늘날과 같은 디지털 시대에는 손으로 천천히 글을 쓸 일이 별로 없습니다. 그러나 손으로 직접 쓰는 필사가 주는 이익은 결코 작지 않습니다. 조금 더 느린 대신, 머리가 좋아지고 생각하는 힘을 키우며 차분한 정서를 갖는 어린이로 자라납니다. 손으로 글씨를 쓰면 따뜻한 감성과 인성을 키울 수 있고, 이에 따른 풍부한 학습 효과가 수반됩니다. 그리고 그냥 손으로 옮겨 쓸 때보다 입으로 소리 내면서 쓰면 더더욱 효과가 좋습니다.

속담과 고사성어란?

지금으로부터 2,000년 전 고대 그리스의 철학자 아리스토텔레스(B.C.384~B.C.322)는 속담에 대해 이렇게 말했습니다.

"속담이란 누구나 손쉽게 쓸 수 있는 가장 간편한 말이므로,
영원히 사라지지 않을 지식의 조각이다."

속담이란 예로부터 전해 내려온 풍자·비판·교훈이 들어 있는 짧은 구절로 주로 서민들의 입에서 입으로 전해지고 있기에 작자도, 탄생 시기도 분명하지 않습니다. 속담을 글자 그대로 풀이하면 속된 말이라는 뜻입니다. 고상하지 못하고 천한 사람의 말이라는 것이지요. 즉, 지배층이나 양반이 아닌 신분이 낮고 가난한 민중들이 쓰던 말로 속담에는 옛 민중의 지혜와 슬기, 옛 시대의 문화가 고스란히 담겨 있습니다. 그러므로 속담을 안다는 것은 오랜 세월 동안 켜켜이 쌓인 훌륭한 삶의 지혜와 슬기를 안다는 것과 마찬가지랍니다.

속담은 간결하며 표현이 명확하여 일상 대화 속에서도 많이 인용됩니다.
예를 들어 독서를 대충대충 하는 버릇을 들인 친구에게 "수박 겉핥기 식으로 책을 읽는구나."라고 말한다면 "책을 왜 그렇게 대충 읽니?"라고 말하는 것보다 더 부드럽지만 강력한 효과를 줄 수 있어요. 무엇보다도 그 표현이 재미있고 맛깔스럽지요. 속담이 문학작품에 인용될 경우에는 작품의 수준이 더 풍부해지고 풍자성이 더 두드러지며 문체도 더 재미있어집니다.
속담은 전 세계 어느 나라에나 다 있습니다. 특히 스페인의 속담은 개수가 30,000개에 이를 정도로 많고 풍자성이 뛰어나며 익살스럽습니다. 한 나라 안에서도 지역마다 전해 내려오는 속담이 다 다른데 속담에는 독특한 지역 색깔이 묻어나 옛말과 문화를 연구하는 데 중요한 자료가 되고 있습니다.

고사(故事)란 옛날부터 전해 내려오는 유래 있는 일, 또는 옛일을 말하고, 성어(成語)는 옛사람들이 만들어 널리 세상에서 쓰이는 말을 뜻합니다.
즉, 고사성어란 예로부터 전해 내려오는 유래가 있는 말로 과거에 실제 있었던 일, 주로 중국의 신화나 설화에서 배울 수 있는 교훈을 한자로 써 놓은 것입니다. 주로 네 글자가 많아 사자성어(四字成語)라고도 불리지만 두 글자나 세 글자, 다섯 글자 이상인 고사성어도 있어요. 고사성어를 해석할 때에는 글자 그대로 한자의 뜻을 풀어 해석하는 겉뜻도 알아야 하지만 고사성어가 만들어지게 된 옛이야기의 내력이나 비유적인 속뜻 역시 반드시 함께 알아야 합니다. 그래야만 고사성어가 만들어진 시대의 역사적 상황과 그 속에 응축된 옛 선조들의 삶의 지혜까지 폭넓게 이해할 수 있기 때문입니다.

한자로 되어 있어서 어려울 것이라는 생각이 먼저 들겠지만 사실 우리말의 70% 이상이 이미 한자어로 이루어져 있습니다. 그러니 한자를 알면 고사성어뿐만 아니라 우리말 어휘의 정확한 뜻도 쉽게 파악할 수 있고, 자연스레 말과 문장을 이해하고 해석하는 능력도 높아지게 됩니다.

오랜 세월이 흐른 지금까지도 고사성어가 여전히 사랑받고 있는 이유는 그 속에 담긴 고사도 재미있지만, 많은 글자로 표현해야 할 상황을 단 몇 글자로 표현할 수 있는 간편함 때문일 것입니다. 또한, 간편함 속에 절대 가볍지 않은 선조들의 삶의 지혜와 유구한 역사, 더불어 그 역사를 이어 온 인류의 위대함이 농축되어 있기 때문이겠지요.

《기적의 명문장 따라쓰기》속담·고사성어 편은 수많은 속담과 고사성어 중에서 초등학생이 꼭 알아야 할 필수적인 100개를 선정해, 어린이 인성발달을 위한 다섯 가지 주제로 나눠 담았습니다. 속담과 고사성어의 의미를 알고 이해하게 될 뿐 아니라 그 활용법까지 익힌다면 똑똑하고 슬기로운 어린이로 자라날 수 있을 것입니다.

이 책은 초등학생이 필수로 알아야 할 속담과 고사성어를 소리 내어 읽고 따라 쓰는 가운데 글씨를 예쁘게 쓰는 것은 물론, 올바른 인성을 배우고 현명한 어린이로 자라도록 돕는 데 목표를 두었습니다. 이와 같은 목표를 이루기 위해 다음과 같은 구성과 특징을 갖추었습니다.

1 같은 의미의 속담과 고사성어를 묶었습니다.

어린이들이 꼭 알아야 할 필수 속담과 고사성어 50개를 각각 선별하여 의미가 같거나 비슷한 것끼리 짝을 지었습니다. 속담과 고사성어를 따로 익히지 않고 한 번에 익힐 수 있어 학습 효율이 매우 높습니다.

2 아이들의 인성을 고려한 5개의 주제로 나누었습니다.

속담과 고사성어를 통해 어린이들의 인성발달에 꼭 필요한 다섯 가지 가르침을 주려고 했습니다. 다섯 가지 주제는 각각 '노력의 힘, 깨닫는 시간, 올바른 행동과 마음가짐, 지혜로운 생각, 함께하는 우리'로서 어린이들은 각각의 주제와 관련 있는 속담과 고사성어를 학습할 수 있습니다.

3 재미있는 이야기를 통해 자연스레 속담과 고사성어의 의미를 깨닫게 합니다.

'이야기 한 토막'에는 어린이들이 속담과 고사성어의 의미와 유래를 이해하기 쉽도록 돕는 이야기가 한 편씩 수록되어 있습니다. 먼저 제시된 속담과 고사성어를 소리 내어 읽어 보고, 이야기를 찬찬히 읽으면서 그 의미를 알아 가다 보면 더욱 재미있게 학습할 수 있습니다.

4 속담과 고사성어를 직접 따라 쓰는 칸을 마련했습니다.

열 번 읽는 것보다 한 번 직접 써 보는 것이 학습 효과 면에서 훨씬 좋습니다. 속담과 고사성어를 소리 내어 읽으면서 따라 쓰면 예쁜 글씨체를 익힐 수 있고 마음과 태도까지 바로잡을 수 있습니다.

5 짧은 문장 속에 속담과 고사성어를 넣어 보는 코너를 마련했습니다.

문장 속 빈칸에 알맞은 속담 혹은 고사성어를 넣어 보면서, 일상생활 속에서 속담과 고사성어가 어떻게 사용되고 있는지 그 응용법을 알 수 있습니다. 속담과 고사성어가 사용된 문장을 완성한 뒤 아이가 스스로 짧은 글짓기 활동을 새롭게 해 볼 수도 있습니다.

6 아이는 물론 부모님이 보아도 즐겁게 배울 수 있도록 만들었습니다.

읽을 때에도 부모님과 번갈아 가면서 읽어 보고, 쓸 때에도 엄마 차례, 아빠 찬스를 활용해 보세요. 아이뿐만 아니라 부모님에게 도움이 되는 것은 물론, 더욱 재미있고 의미 있는 시간이 될 것입니다.

7 아이와 부모님이 함께할 수 있는 퀴즈를 실었습니다.

50일간의 학습을 마친 후, 복습할 수 있도록 쉽고 재미있는 퀴즈를 부록으로 실었습니다. 아이가 답을 스스로 생각해 낼 수 있도록 부모님은 잠시 기다려 주세요.

이 책의 활용법

매일 체크

이 책은 매일 속담과 고사성어를 하나씩 짝지어 익히도록
구성되어 있습니다. 정해진 날짜마다 계획을 세워 재미있는
이야기를 읽으며 속담과 고사성어를 익히고, 직접 손으로
쓰도록 지도해 주세요.

❶ 속담과 고사성어 따라 읽기

비슷한 뜻을 가진 속담과 고사성어를 큰 목소리로 또박또
박 소리 내어 읽으면서 그 뜻을 새겨 보세요. 엄마, 아빠와
번갈아 읽으면 더욱 좋습니다.

❷ 이야기 한 토막

속담과 고사성어의 의미와 유래를 자연스럽게 익히기 위한
재미있는 이야기를 준비했습니다. 천천히 읽으면서 그 안에
담긴 깊은 뜻을 이해해 보세요.

❸ 생각 펼치기

이야기를 읽은 후 어떤 깨달음을 얻을 수 있는지 생각해 볼
수 있는 코너입니다. 이야기를 읽고 아이에게 무엇을 깨달
았는지 물어보는 시간을 가져도 좋아요.

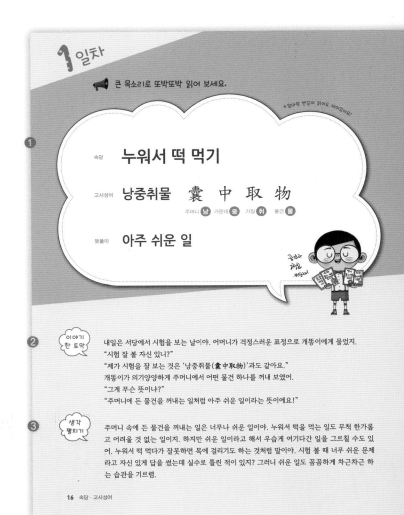

1일차

📢 큰 목소리로 또박또박 읽어 보세요.

* 엄마랑 번갈아 읽어도 재미있어요!

속담 **누워서 떡 먹기**

고사성어 **낭중취물 囊中取物**
주머니 **낭** 가운데 **중** 가질 **취** 물건 **물**

뜻풀이 **아주 쉬운 일**

❷ 이야기 한 토막

내일은 서당에서 시험을 보는 날이야. 어머니가 걱정스러운 표정으로 개똥이에게 물었지.
"시험 잘 볼 자신 있니?"
"제가 시험을 잘 보는 것은 '낭중취물(囊中取物)'과도 같아요."
개똥이가 의기양양하게 주머니에서 어떤 물건 하나를 꺼내 보였어.
"그게 무슨 뜻이냐?"
"주머니에 든 물건을 꺼내는 일처럼 아주 쉬운 일이라는 뜻이에요!"

❸ 생각 펼치기

주머니 속에 든 물건을 꺼내는 일은 너무나 쉬운 일이야. 누워서 떡을 먹는 일도 무척 한가롭
고 어려울 것 없는 일이지. 하지만 쉬운 일이라고 해서 우습게 여기다가 일을 그르칠 수도 있
어. 누워서 떡 먹다가 잘못하면 목에 걸리기도 하는 것처럼 말이야. 시험 볼 때 너무 쉬운 문제
라고 자신 있게 답을 썼는데 실수로 틀린 적이 있지? 그러니 쉬운 일도 꼼꼼하게 차근차근 하
는 습관을 기르렴.

속담 · 고사성어 퀴즈 100

책에서 다룬 속담과 고사성어를 활용하여 재미있는 퀴즈를 만들었습니다. 총 100개의 퀴즈를 풀면서 앞서 배우고 따라 써 보았던 속담과 고사성어를 기억해 보세요. 하나씩 뜯어서 가족과 함께 스피드 퀴즈로 즐겨 볼 것을 추천합니다. ★로 난이도를 표시했어요.

★☆☆☆☆

이.

가재는
누구의 편일까?

🖍 **바른 자세로 또박또박 따라 써 보세요. ❶**

한 번 쓰고

누	워	서		떡		먹	기		

또 쓰고

| 낭 | 중 | 취 | 물 | | 囊 | 中 | 取 | 物 | |

🖍 **뜻을 생각하며 천천히 따라 써 보세요.**

아	주		쉬	운		일			

음어 날아가게 저어 청소 읊?

🖍 **빈칸에 알맞은 '속담'을 쓰고, 문장을 완성해 보세요. ❷**

마무리

심	부	름	은		개	똥	이	에	게
					이	다	.		

월 일

🔖 **어휘 마당 ❸**

囊 주머니 낭
⨁ 침낭

中 가운데 중
⨁ 중학교

取 가질 취
⨁ 취소

物 물건 물
⨁ 선물

🔲🔲 **원고지 첫 칸은 비우고 쓰세요.**

❶ 바른 자세로 또박또박 쓰기

열 번 읽는 것보다 한 번 직접 쓰는 것이 훨씬 효과적입니다. 속담과 고사성어를 직접 손으로 또박또박 써 보세요. 처음에는 바른 자세로 쓰고, 그다음에는 속담과 고사성어에 담긴 뜻을 생각하며 천천히 써 보세요. 엄마 차례, 아빠 찬스를 적극적으로 활용하여 가족이 함께 쓰면 더욱 재미있어요.

❷ 문장 속 속담과 고사성어 쓰기

일상생활 속에서 속담과 고사성어가 어떻게 활용되는지 그 예를 들며 마무리를 했습니다. 빈칸에 들어갈 속담이나 고사성어를 생각하며 쓰면 오래도록 기억할 수 있어요.

❸ 어휘 마당

고사성어에 쓰인 한자의 뜻을 알려 주고 각각의 한자와 결합하는 생활 어휘를 적어 두었습니다. 이로써, 해당 한자가 일상생활에서 어떤 의미로 쓰이는지 보여 주고자 했습니다.

차례

1장 노력의 힘

01일차	누워서 떡 먹기	16
02일차	수박 겉핥기	18
03일차	내 코가 석 자	20
04일차	천 리 길도 한 걸음부터	22
05일차	언 발에 오줌 누기	24
06일차	꿩 먹고 알 먹고	26
07일차	콩 심은 데 콩 나고 팥 심은 데 팥 난다	28
08일차	낫 놓고 기역 자도 모른다	30
09일차	열 번 찍어 안 넘어가는 나무 없다	32
10일차	달리는 말에 채찍질	34

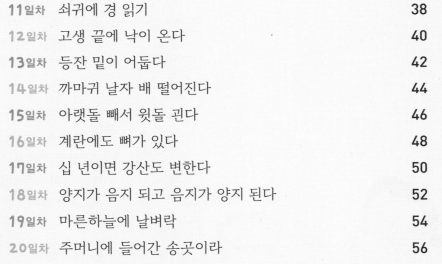

2장 깨닫는 시간

11일차	쇠귀에 경 읽기	38
12일차	고생 끝에 낙이 온다	40
13일차	등잔 밑이 어둡다	42
14일차	까마귀 날자 배 떨어진다	44
15일차	아랫돌 빼서 윗돌 괸다	46
16일차	계란에도 뼈가 있다	48
17일차	십 년이면 강산도 변한다	50
18일차	양지가 음지 되고 음지가 양지 된다	52
19일차	마른하늘에 날벼락	54
20일차	주머니에 들어간 송곳이라	56

21일차	제 꾀에 제가 넘어간다	60
22일차	강 건너 불구경	62
23일차	동에 번쩍 서에 번쩍	64
24일차	달면 삼키고 쓰면 뱉는다	66
25일차	방귀 뀐 놈이 성낸다	68
26일차	숭어가 뛰니까 망둥이도 뛴다	70
27일차	갈치가 갈치 꼬리 문다	72
28일차	비짓국 먹고 용트림한다	74
29일차	강원도 포수	76
30일차	모기를 보고 칼을 뽑는다	78

3장
올바른 행동과
마음가짐

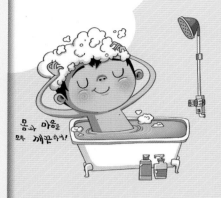

몸과 마음을
모두 깨끗하게!

4장
지혜로운
생각

31일차	엎친 데 덮친다	82
32일차	보고 못 먹는 것은 그림의 떡	84
33일차	같은 값이면 다홍치마	86
34일차	소 잃고 외양간 고친다	88
35일차	하나만 알고 둘은 모른다	90
36일차	계란으로 바위 치기	92
37일차	입술이 없으면 이가 시린다	94
38일차	빈대 잡으려다 초가삼간 다 태운다	96
39일차	문 연 놈이 문 닫는다	98
40일차	한강에 돌 던지기	100

41일차	먹을 가까이하면 검어진다	104
42일차	가재는 게 편	106
43일차	원님 덕에 나팔 분다	108
44일차	하룻강아지 범 무서운 줄 모른다	110
45일차	굴러 온 돌이 박힌 돌 뺀다	112
46일차	토끼를 다 잡으면 사냥개도 삶는다	114
47일차	제 논에 물 대기	116
48일차	미꾸라지 한 마리가 온 웅덩이를 흐려 놓는다	118
49일차	우물 안 개구리	120
50일차	외손뼉이 소리 날까	122

5장
함께하는
우리

노력! 노력! 노력!

1장

노력의 힘

매일 체크!

☐ **01일차** 누워서 떡 먹기

☐ **02일차** 수박 겉핥기

☐ **03일차** 내 코가 석 자

☐ **04일차** 천 리 길도 한 걸음부터

☐ **05일차** 언 발에 오줌 누기

☐ **06일차** 꿩 먹고 알 먹고

☐ **07일차** 콩 심은 데 콩 나고 팥 심은 데 팥 난다

☐ **08일차** 낫 놓고 기역 자도 모른다

☐ **09일차** 열 번 찍어 안 넘어가는 나무 없다

☐ **10일차** 달리는 말에 채찍질

📢 큰 목소리로 또박또박 읽어 보세요.

＊엄마랑 번갈아 읽어도 재미있어요!

속담 **누워서 떡 먹기**

고사성어 **낭중취물 囊 中 取 物**

주머니 **낭** 가운데 **중** 가질 **취** 물건 **물**

뜻풀이 **아주 쉬운 일**

이야기 한 토막

내일은 서당에서 시험을 보는 날이야. 어머니가 걱정스러운 표정으로 개똥이에게 물었지.

"시험 잘 볼 자신 있니?"

"제가 시험을 잘 보는 것은 '낭중취물(囊中取物)'과도 같아요."

개똥이가 의기양양하게 주머니에서 어떤 물건 하나를 꺼내 보였어.

"그게 무슨 뜻이냐?"

"주머니에 든 물건을 꺼내는 일처럼 아주 쉬운 일이라는 뜻이에요!"

생각 펼치기

주머니 속에 든 물건을 꺼내는 일은 너무나 쉬운 일이야. 누워서 떡을 먹는 일도 무척 한가롭고 어려울 것 없는 일이지. 하지만 쉬운 일이라고 해서 우습게 여기다간 일을 그르칠 수도 있어. 누워서 떡 먹다가 잘못하면 목에 걸리기도 하는 것처럼 말이야. 시험 볼 때 너무 쉬운 문제라고 자신 있게 답을 썼는데 실수로 틀린 적이 있지? 그러니 쉬운 일도 꼼꼼하게 차근차근 하는 습관을 기르렴.

✏️ 바른 자세로 또박또박 따라 써 보세요.

한 번
쓰고

누	워	서		떡		먹	기	

낭	중	취	물	囊	中	取	物

✏️ 뜻을 생각하며 천천히 따라 써 보세요.

또 쓰고

아	주		쉬	운		일		

을(를) 날아가기 전에 잡아 볼까?

✏️ 빈칸에 알맞은 '속담'을 쓰고, 문장을 완성해 보세요.

마무리

심	부	름	은		개	똥	이	에	게	
							이	다	.	

매일 시험을 잘 볼 수 있겠니?

주머니에 든 물건을 꺼내는 일처럼 쉬운 일이죠.

쏘옥!

📢 큰 목소리로 또박또박 읽어 보세요.

＊엄마랑 번갈아 읽어도 재미있어요!

속담 **수박 겉핥기**

고사성어 **주마간산** **走 馬 看 山**
달릴 **주** 말 **마** 볼 **간** 산 **산**

뜻풀이 **자세히 살피지 않고 대충 봄.**

이런 내용도
있군나?

이야기 한 토막

한 선비가 강원도로 말을 타고 여행을 떠났어.
처음 며칠은 강원도의 아름다운 풍경에 푹 빠져 구석구석 열심히 돌아보았지. 하지만 여행이 길어지자 선비는 지치고 말았어.
"아이고, 여행도 좋지만 몸 여기저기 안 아픈 데가 없구나."
마침내 여행 마지막 날이 되자, 선비는 달리는 말에서 내리지도 않고 경치를 대충대충 훑어볼 뿐이었단다.

생각 펼치기

수박의 겉만 핥아서는 속살의 달콤한 맛을 절대 알 수 없을 거야. 마찬가지로 말을 타고 빠르게 달리며 대충 보고 지나친다면 풍경을 제대로 감상할 수 없겠지.
어떤 일이든 이렇게 대충대충 하면 결코 좋은 결과를 얻을 수 없다는 사실을 꼭 기억해!

✏️ 바른 자세로 또박또박 따라 써 보세요.

내 차례

| 수 | 박 | | 겉 | 핥 | 기 | | | |

| | | | | | | | | |

| 주 | 마 | 간 | 산 | 走 | 馬 | 看 | 山 |

어휘 마당

走 달릴 주
예 주행, 질주

馬 말 마
예 백마

看 볼 간
예 간판

山 산 산
예 울산, 부산

✏️ 뜻을 생각하며 천천히 따라 써 보세요.

엄마 차례

| 자 | 세 | 히 | | 살 | 피 | 지 | | 않 | 고 | | 대 | 충 |
| 봄 | . | | | | | | | | | | | |

명필가 났지요~~!

✏️ 빈칸에 알맞은 '속담'을 쓰고, 문장을 완성해 보세요.

마무리

책	을							식	으	로
읽	었	더	니		기	억	이		나	지		않	는
다	.												

밝으니까 됐어!
다른 곳으로 출발!

3 일차

🔊 큰 목소리로 또박또박 읽어 보세요.

*엄마랑 번갈아 읽어도 재미있어요!

속담 **내 코가 석 자**

고사성어 **오비삼척 吾 鼻 三 尺**
나 **오** 코 **비** 석 **삼** 자 **척**

뜻풀이 **내 일도 해결하기 어려워 남의 사정을
돌볼 수 없다.**

도와줘!

내가 지금 도와줄 수 없는
상황이 야!

덕수와 만수는 선생님이 내준 숙제를 해 오지 않아서 벌을 서게 되었어. 시간이 흐르자 두 팔은 저려 오고 식은땀까지 났어.
마침내 덕수가 몸을 배배 꼬며 말했어.
"아이고, 머리가 간지러워 죽겠어! 만수야, 내 머리 좀 긁어 줘!"
그러자 만수가 코를 훌쩍거리며 대답했지.
"나도 지금 콧물이 석 자나 흘러내려서 너를 도와줄 형편이 못 돼!"

코에서 콧물이 줄줄 흐른다면 닦느라 바빠서 남의 어려운 사정은 돌볼 틈이 없을 거야. 반대로 내 콧물도 닦지 못하면서 남을 돕겠다고 나서는 것도 우스운 일이지. 나의 문제를 깨끗하게 해결하고 난 뒤에야 남도 도울 수 있단다.

✏️ 바른 자세로 또박또박 따라 써 보세요.

한 번
쓰고

| 내 | 코 | 가 | 석 | 자 | | | |

| | | | | | | | |

| 오 | 비 | 삼 | 척 | 吾 | 鼻 | 三 | 尺 |

✏️ 뜻을 생각하며 천천히 따라 써 보세요.

또 쓰고

| 내 | 일 | 도 | | 해 | 결 | 하 | 기 | | 어 | 려 | 워 |
| 남 | 의 | | 사 | 정 | 을 | | 돌 | 볼 | | 수 | | 없 | 다 . |

들써 날아가기 전에 잡아 볼까?

✏️ 빈칸에 알맞은 '속담'을 쓰고, 문장을 완성해 보세요.

마무리

| | | 가 | | | 인 | 데 | | 누 | 구 |
| 를 | | 도 | 울 | | 수 | | 있 | 겠 | 어 | ? |

어휘 마당

吾 나 오
예 **오가**(나의 집)

鼻 코 비
예 **비염**

三 석 삼
예 **삼국지**

尺 자 척
▶ 길이를 재는 단위의 뜻으로 쓰임.

 큰 목소리로 또박또박 읽어 보세요.

＊아빠랑 번갈아 읽어도 재미있어요!

속담　**천 리 길도 한 걸음부터**

고사성어　**등고자비**　登　高　自　卑
오를 **등**　높을 **고**　스스로 **자**　낮출 **비**

뜻풀이　**모든 일에는 반드시 차례가 있다.**

기초부터
차근차근
탄탄히!

 이야기 한 토막

석규와 아빠가 백두산에 오르기로 했어. 까마득하게 높은 산을 올려다보며, 석규는 오르기도 전에 한숨을 푹 내쉬었지.
"후유, 저렇게 높은 산을 언제 다 올라가요?"
그러자 아빠가 방긋 웃으며 말했어.
"등고자비(登高自卑)라고 했어. 높은 곳에 오를 때에는 낮은 곳에서부터 출발한다는 뜻이지. 출발하기도 전부터 포기하려는 마음을 가지면 안 돼. 한 걸음 한 걸음 걷다 보면 어느새 정상에 올라 있을 거야."

 생각 펼치기

천 리 길도 한 걸음부터 시작되듯, 높은 곳에 올라가려면 낮은 곳에서부터 차근차근 출발해야 하지. 숙제가 너무 많아서 한숨부터 나온다고? 맨 첫 장부터 한 장, 한 장 차분하게 시작해 봐. 눈 깜짝할 새에 숙제가 다 끝나 있을 테니까.

✏️ 바른 자세로 또박또박 따라 써 보세요.

내 차례

천	리	길	도		한		걸	음	부	터

등	고	자	비	登	高	自	卑

어휘 마당

登 오를 **등**
예 **등**산

高 높을 **고**
예 최**고**

自 스스로 **자**
예 **자**습, **자**연

卑 낮출 **비**
예 **비**겁하다

✏️ 뜻을 생각하며 천천히 따라 써 보세요.

아빠 찬스

모	든		일	에	는		반	드	시		차	례
가		있	다	.								

명필가 났어요~~!

✏️ 빈칸에 알맞은 '속담'을 쓰고, 문장을 완성해 보세요.

마무리

천	리	길	도					부	터
라	고		했	으	니		차	근	차	근		공	부
해	야	지	.						

큰 목소리로 또박또박 읽어 보세요.

＊엄마랑 번갈아 읽어도 재미있어요!

속담 **언 발에 오줌 누기**

고사성어 **고식지계** **姑 息 之 計**

시어머니 **고** 아이 **식** 어조사 **지** 셀 **계**

뜻풀이 **우선 당장 편한 것만을 택하는
꾀나 방법**

무이 부족하네.
일단 **대충**
작업해야지.

 이야기 한 토막

추운 겨울, 눈길을 오래 걷다 보니 우진이의 발이 꽁꽁 얼어 버렸어.
"아이고, 이러다 동상에 걸리겠어!"
마침 오줌이 마려웠던 우진이는 뜨거운 오줌발을 제 발에 겨누어 누었지.
하지만 차디찬 발이 겨우 오줌으로 녹을 리 없었어.
"이걸로는 어림도 없구나. 얼른 집에 가서 천천히 전기 난로에 발을 녹여야겠어."

생각 펼치기

꽁꽁 언 발은 얼른 따뜻한 곳으로 가서 녹여야 해. 임시방편＊으로 뜨거운 오줌발을 발에 대고 눈다고 해도 완전히 녹일 수는 없지. 고식지계(姑息之計)는 부녀자나 어린아이가 꾸미는 꾀나 잠시 모면하기 위한 잠깐의 방법을 말해. 어떤 문제가 생겼을 때 제대로 된 해결책을 찾으려 노력하지 않고 임시로 대충 해결하려 들면, 나중에 더 큰 문제가 되어 되돌아온다는 사실을 꼭 명심하렴.

✏️ 바른 자세로 또박또박 따라 써 보세요.

한 번 쓰고	언	발	에		오	줌		누	기		

고	식	지	계	姑	息	之	計

◆ 어휘 마당

姑 시어머니 고
예 고부

息 아이 식
예 자식

計 셀 계
예 계산

✏️ 뜻을 생각하며 천천히 따라 써 보세요.

또 쓰고	우	선		당	장		편	한		것	만	을
택	하	는		꾀	나		방	법				

*임시방편

갑자기 터진 일을 우선 간단하게 둘러 맞추어 처리함.

을(를) 날아가기 전에 잡아 볼까?

✏️ 빈칸에 알맞은 '속담'을 쓰고, 문장을 완성해 보세요.

마무리				에					누	기	는		제
대	로		된		해	결	책	이		아	니	다.	

아무 소용이 없네!

6일차

🔊 큰 목소리로 또박또박 읽어 보세요.

*엄마랑 번갈아 읽어도 재미있어요!

속담 **꿩 먹고 알 먹고**

고사성어 **일거양득 一 擧 兩 得**
하나 **일** 들 **거** 둘 **양** 얻을 **득**

뜻풀이 **동시에 두 가지 이익을 얻음.**

청소도 하고
동전도 줍고!

이야기 한 토막

한 농부가 산길을 가고 있었어. 그때 풀숲에서 부스럭거리는 소리가 났지.
살금살금 가까이 다가가 보니 꿩 한 마리가 얌전히 앉아 있는 게 아니겠어?
"오랜만에 꿩고기를 맛보겠구나!"
농부는 잽싸게 그물로 꿩을 잡았어. 그런데 꿩을 들어 올리자 하얗고 동그란 것들이 보였어.
꿩이 알을 품고 있었던 거야.
"꿩도 먹고 알도 먹게 생겼구나! 오늘은 운이 참 좋은걸. 흐흐흐."

생각 펼치기

어떤 일을 했을 때 그 결과로 생각지도 못한 덤까지 얻게 된다면 기분이 참 좋겠지? 하지만 덤도 노력 끝에 얻은 것이라야 가치 있게 느껴지는 법이란다. '일거양득(一擧兩得)'과 같은 뜻을 가진 고사성어로 '일석이조(一石二鳥)'가 있는데 돌 하나를 던져 두 마리의 새를 잡는다는 뜻이야.

26 속담·고사성어

✏️ 바른 자세로 또박또박 따라 써 보세요.

내 차례

| 꿩 | 먹고 | 알 | 먹고 |

| 일 | 거 | 양 | 득 | 一 | 擧 | 兩 | 得 |

📖 **어휘 마당**

一 하나 일
예 통일, 일 년

擧 들 거
예 선거

兩 둘 양
예 양반

得 얻을 특
예 특점

✏️ 뜻을 생각하며 천천히 따라 써 보세요.

엄마 차례

| 동시에 | 두 | 가지 | 이익을 |
| 얻음. |

명필가 납시오~~!

✏️ 빈칸에 알맞은 '속담'을 쓰고, 문장을 완성해 보세요.

마무리

| | 먹고 | | 먹고 | 도 | 랑 |
| 치고 | 가재 | 잡고, | 좋다 | ! |

꿩도 먹고 알도 먹게 생겼구나!

📢 **큰 목소리로 또박또박 읽어 보세요.**

*엄마랑 번갈아 읽어도 재미있어요!

속담
콩 심은 데 콩 나고
팥 심은 데 팥 난다.

고사성어 **인과응보** 　因　果　應　報

인할 **인**　열매 **과**　응할 **응**　갚을 **보**

뜻풀이
좋은 일에는 좋은 결과가,
나쁜 일에는 나쁜 결과가 따른다.

좋은 일을 하면 좋은 일이 생길 거야.

불우 이웃돕기

이야기 한 토막

더운 여름날, 몽룡이와 춘삼이가 과거를 보러 가고 있었어.

"이보게들, 나를 집에 좀 데려다줄 수 없겠는가?"

더위로 쓰러져 있던 한 노인이 두 사람에게 간절하게 물었어.

"죄송하지만 저는 과거를 보러 가는 길이라서요."

춘삼이는 뒤도 안 돌아보고 가 버렸어. 몽룡이는 혼자서 노인을 집에 모셔다드리고 겨우 시간에 맞춰 과거 시험장에 도착했지. 그런데 이게 웬일이야? 나라의 가장 높은 벼슬인 영의정 자리에 아까 그 노인이 앉아 있는 것이 아니겠어?

'아이고, 아까 내가 왜 그랬을까?'

춘삼이는 뒤늦게 후회했지만 아무 소용이 없었단다.

생각 펼치기

좋은 일을 하면 좋은 결과가 뒤따르고, 나쁜 짓을 저지르면 반드시 나쁜 결과가 뒤따르게 마련이란다. 그러니 언제나 좋은 일을 하기 위해 노력해야겠지?

✏️ 바른 자세로 또박또박 따라 써 보세요.

한 번
쓰고

| 콩 | | 심은 | 데 | | 콩 | | 나 | 고 | | 팥 |

| 심 | 은 | | 데 | | 팥 | | 난 | 다 | . | |

| 인 | 과 | 응 | 보 | | 因 | 果 | 應 | 報 | | |

✏️ 뜻을 생각하며 천천히 따라 써 보세요.

또 쓰고

| 좋 | 은 | | 일 | 에 | 는 | | 좋 | 은 | | 결 | 과 | 가 | , |

| 나 | 쁜 | | 일 | 에 | 는 | | 나 | 쁜 | | 결 | 과 | 가 | |

| 따 | 른 | 다 | . | | | | | | | | |

날아가기 전에 잡아 볼까?

✏️ 빈칸에 알맞은 '고사성어'를 쓰고, 문장을 완성해 보세요.

마무리

| 춘 | 삼 | 이 | 가 | | 벌 | 을 | | 받 | 은 | | 것 | 은 |

| | | | | | 에 | | 따 | 른 | | 것 | 이 | 다 | . |

◆ 어휘 마당

因 인할 인
예 원인, 인과

果 열매 과
예 결과

應 응할 응
예 응답

報 갚을 보
예 정보, 보은

📢 큰 목소리로 또박또박 읽어 보세요.

*엄마랑 번갈아 읽어도 재미있어요!

속담 낫 놓고 기역 자도 모른다.

고사성어 목불식정 目 不 識 丁

눈 **목** 아니 **불** 알아볼 **식** 고무래 **정**

뜻풀이 글자를 전혀 모르거나 아주 무식하다.

이야기 한 토막

한 마을에 공부하기 싫어하기로 둘째가라면 서러운 개똥이와 말똥이가 살고 있었어.
어느 날 훈장님이 낫과 고무래*를 가리키며 개똥이와 말똥이에게 물었어.
"개똥아, 낫이 무슨 글자를 닮았느냐?"
개똥이는 머리를 긁적거릴 뿐이었어.
"그럼 말똥아, 고무래는 무슨 글자를 닮았느냐?"
말똥이 역시 고개를 갸우뚱했지.
"낫을 보고도 기역 자를 모르고, 고무래를 보고도 정 자를 모르다니! 이거 큰일이구나!"
크게 혼이 난 개똥이와 말똥이는 그제야 정신 차리고 열심히 공부했대.

생각 펼치기

개똥이와 말똥이는 아주 쉬운 글자조차 알지 못했어. 이렇게 무식한 사람이 되지 않으려면 어떻게 해야 할까? 다양한 분야의 책을 많이 읽고, 세상 돌아가는 일에 눈과 귀를 늘 열어 두어야 한단다.

✏️ 바른 자세로 또박또박 따라 써 보세요.

내 차례

| 낫 | 놓 | 고 | | 기 | 역 | | 자 | 도 | | 모 | 른 |
| 다 | . | | | | | | | | | | |

| 목 | | 불 | | 식 | | 정 | | 目 | | 不 | | 識 | | 丁 |

📖 어휘 마당

目 눈 목
예 목표, 제목

不 아니 불
예 불량

識 알아볼 식
예 지식

*고무래
곡식을 그러모아
펴거나, 밭의 흙을
고르는 데나, 아궁
이의 재를 긁어내는
데 쓰는 '丁(정)' 자
모양의 기구.

✏️ 뜻을 생각하며 천천히 따라 써 보세요.

엄마 차례

| 글 | 자 | 를 | | 전 | 혀 | | 모 | 르 | 거 | 나 | | 아 |
| 주 | | 무 | 식 | 하 | 다 | . | | | | | | |

명필가 났소이~~!

✏️ 빈칸에 알맞은 '속담'을 쓰고, 문장을 완성해 보세요.

마무리

		놓	고				자	도		모	르
는		개	똥	이	는		아	주		쉬	운		문
제	도		다		틀	렸	다	.					

낫을 보고도 기역 자를 모르고
고무래를 보고도 정 자를
모르다니….

고무래   낫

일차

＊엄마랑 번갈아 읽어도 재미있어요!

속담　　**열 번 찍어 안 넘어가는 나무 없다.**

고사성어　　**우공이산　愚　公　移　山**

어리석을 **우**　공평할 **공**　옮길 **이**　산 **산**

뜻풀이　　**노력하면 안 되는 일이 없다.**

열심히 연습해서 꼭 우등할 테야!

이야기 한 토막

옛날 중국에 우공이라는 90세 된 노인이 살고 있었어. 우공의 집 근처에는 태형산과 왕옥산이라는 높은 산이 있었는데 이 산 때문에 길이 무척 불편했어.

"저 험한 산을 깎아 길을 내야겠다."

우공의 결심을 듣고 아내는 반대했지. 그러나 우공은 고집을 꺾지 않고 세 아들과 돌을 깨고 흙을 파서 나르기 시작했어.

그 모습을 지켜보던 하늘나라 임금인 천제는 우공의 우직함에 감동받아 두 산을 다른 곳으로 옮겨 주었대.

생각 펼치기

산을 옮기겠다는 우공의 계획은 참 어리석어 보여. 하지만 커다란 나무도 도끼로 열심히 찍다 보면 결국엔 넘어가는 것처럼 꾸준히 노력하면 못 이룰 일이 없단다. 어떤 일이든 중간에 포기하지 않고 끝까지 하려는 마음자세가 중요하다는 말씀!

✏️ 바른 자세로 또박또박 따라 써 보세요.

한번 쓰고

| 열 | 번 | | 찍 | 어 | | 안 | | 넘 | 어 | 가 | 는 |
| 나 | 무 | | 없 | 다. | | | | | | | |

| 우 | 공 | 이 | 산 | | 愚 | 公 | 移 | 山 |

✏️ 뜻을 생각하며 천천히 따라 써 보세요.

또 쓰고

| | 노 | 력 | 하 | 면 | | 안 | | 되 | 는 | | 일 | 이 |
| 없 | 다. | | | | | | | | | | | |

늘어 날아가기 전에 잡아 볼까?

✏️ 빈칸에 알맞은 '고사성어'를 쓰고, 문장을 완성해 보세요.

마무리

				이	라		했	으	니,	열	심
히		연	습	하	면		반	드	시		대	회	에
서		우	승	할		수		있	을		거	야.

📖 어휘 마당

愚 어리석을 우
예 우롱

公 공평할 공
예 공평

移 옮길 이
예 이동, 이사

山 산 산
예 강산

월   일

📢 큰 목소리로 또박또박 읽어 보세요.

*아빠랑 번갈아 읽어도 재미있어요!

속담 달리는 말에 채찍질

고사성어 주마가편 走 馬 加 鞭
달릴 **주**   말 **마**   더할 **가**   채찍 **편**

뜻풀이 한창 잘하는 사람에게 더 잘하라고 하는 말

잘한다.
대한민국!

이야기 한 토막

한 장수가 말을 타고 전쟁터로 급히 가고 있었어.
장수와 오랜 세월 함께한 말은 여전히 튼튼해서 다른 말보다 훨씬 빨리 달렸지.
"이랴! 이랴!"
하지만 마음이 급한 장수는 달리는 말에게 계속해서 채찍질을 했어.
"더 열심히 달리거라! 이랴, 이랴!"
채찍질을 하면 할수록 말은 더욱더 빨리 달렸어. 장수는 그 누구보다 먼저 전쟁터에 도착할 수 있었단다.

생각 펼치기

야구장이나 축구장에서 경기가 열리면 관중들은 선수들을 목이 터져라 응원하지. 응원에 힘을 얻은 선수들은 더욱더 열심히 경기장을 뛰어다니게 마련이야. 이와 마찬가지로 가족이나 친구가 목표를 향해 열심히 노력하고 있을 때 "난 널 믿어.", "잘하고 있어."와 같은 말로 응원해 주면 어떨까?

✏️ 바른 자세로 또박또박 따라 써 보세요.

내 차례

| 달 | 리 | 는 | | 말 | 에 | | 채 | 찍 | 질 | | |

| | | | | | | | | | | | |

| 주 | 마 | 가 | 편 | 走 | 馬 | 加 | 鞭 |

📓 어휘 마당

走 달릴 주
예 주자

加 더할 가
예 가입, 참가자

鞭 채찍 편
예 편달

✏️ 뜻을 생각하며 천천히 따라 써 보세요.

아빠 찬스

| 한 | 창 | | 잘 | 하 | 는 | | 사 | 람 | 에 | 게 | | 더 |

| 잘 | 하 | 라 | 고 | | 하 | 는 | | 말 | | | | |

명필가 낭시오~~!

✏️ 빈칸에 알맞은 '속담'을 쓰고, 문장을 완성해 보세요.

마무리

		는		에				하	듯	,
열	심	히		공	부	하	는		미	선	이	를
더	욱		응	원	해		주	었	다	.

2장

깨닫는 시간

매일 체크!

☐ **11일차** 쇠귀에 경 읽기

☐ **12일차** 고생 끝에 낙이 온다

☐ **13일차** 등잔 밑이 어둡다

☐ **14일차** 까마귀 날자 배 떨어진다

☐ **15일차** 아랫돌 빼서 윗돌 괸다

☐ **16일차** 계란에도 뼈가 있다

☐ **17일차** 십 년이면 강산도 변한다

☐ **18일차** 양지가 음지 되고 음지가 양지 된다

☐ **19일차** 마른하늘에 날벼락

☐ **20일차** 주머니에 들어간 송곳이라

📢 큰 목소리로 또박또박 읽어 보세요.

*엄마랑 번갈아 읽어도 재미있어요!

속담 **쇠귀에 경 읽기**

고사성어 우이독경 　**牛 耳 讀 經**
소 **우** 　귀 **이** 　읽을 **독** 　글 **경**

뜻풀이 아무리 가르치고 알려 주어도 알아듣지 못하거나 효과가 없음.

자~ 이번엔 프랑스어를 배워 보자.

아바바

이야기 한 토막

한 농부가 오랫동안 돈을 모아 소 한 마리를 샀어.
농부는 소를 애지중지* 기르며 외양간도 지어 주고 가장 좋은 여물만 골라 먹였어. 똑똑한 소로 키우기 위해 매일 소에게 옛 성현들의 가르침이 담긴 경서를 읽어 주는 일도 잊지 않았지. 하지만 소는 그저 눈만 끔뻑거릴 뿐이었어.
"이 우둔한 소야! 왜 알아듣질 못하니? 아이고, 답답해!"
그 모습을 본 이웃들이 혀를 끌끌 차며 말했어.
"소의 귀에 대고 경을 읽어 준다고 알아듣는담? 진짜 우둔한 건 소가 아니라 농부로구먼!"

생각 펼치기

농부는 소에게 경을 가르치려고 했지만 처음부터 불가능한 일이었어. 마치 갓난쟁이 아기에게 글자를 가르치려는 것과 같다고나 할까?
너무 어려운 내용을 공부할 때 마치 '쇠귀에 경 읽기'처럼 느껴진 적이 있지? 하지만 아기가 점점 커 가면서 글자를 알게 되듯이, 열심히 노력하다 보면 어떤 공부든 '누워서 떡 먹기'처럼 할 수 있게 될 거야.

✏️ 바른 자세로 또박또박 따라 써 보세요.

한 번
쓰고

| 쇠 | 귀 | 에 | | 경 | | 읽 | 기 | | | | |

| | | | | | | | | | | | |

| 우 | 이 | 독 | 경 | 牛 | 耳 | 讀 | 經 | | | | |

✏️ 뜻을 생각하며 천천히 따라 써 보세요.

또 쓰고

아	무	리		가	르	치	고		알	려		주
어	도		알	아	듣	지		못	하	거	나		효
과	가		없	음	.							

늘새 날아가기 전에 값이 불까?

📖 어휘 마당

牛 소 우
예 우유

耳 귀 이
예 이비인후과

讀 읽을 독
예 독서, 독후감

經 글 경
예 경전

✏️ 빈칸에 알맞은 '속담'을 쓰고, 문장을 완성해 보세요.

마무리

	귀	에					라	더	니		아
무	리		알	려		줘	도		못		알	아	듣
는	구	나	.								

*애지중지
매우 사랑하고
귀하게 여김.

📣 큰 목소리로 또박또박 읽어 보세요.

*엄마랑 번갈아 읽어도 재미있어요!

속담 고생 끝에 낙이 온다.

고사성어 고진감래 苦 盡 甘 來
쓸 **고** 다할 **진** 달 **감** 올 **래**

뜻풀이 고생이 끝나면 기쁨이 온다.

드디어, 일등 했다!

이야기 한 토막

돌쇠는 밤이 깊도록 글을 읽었어. 내일 서당에서 시험을 보기 때문이었지.
"아이고, 눈도 침침하고 허리도 아프네."
하지만 돌쇠는 쉬지 않고 더욱 열심히 공부를 했어.
시험 결과는 어찌 되었느냐고? 돌쇠가 당당히 일등을 차지했단다.
"쓴 것이 다하면 단것이 온다더니 공부하느라 고생은 했지만 참으로 기쁘구나."

생각 펼치기

숙제가 많아 놀고 싶은 것을 꾹 참거나 대회에 나가기 위해 열심히 연습한 적이 있지? 목표를 이루기 위해 노력하는 과정은 무척 고생스러울지도 몰라. 하지만 고생 끝에 목표를 이루었을 때의 기쁨은 세상의 그 어떤 사탕보다도 달콤하단다.

✏️ 바른 자세로 또박또박 따라 써 보세요.

내 차례	고	생		끝	에		낙	이		온	다	.

고	진	감	래	苦	盡	甘	來

✏️ 뜻을 생각하며 천천히 따라 써 보세요.

엄마 차례	고	생	이		끝	나	면		기	쁨	이		온

다	.											

명필과 났지요~~!

✏️ 빈칸에 알맞은 '고사성어'를 쓰고, 문장을 완성해 보세요.

마무리				라	더	니		힘	들	게		연

습	한		끝	에		피	아	노		대	회	에	서

대	상	을		받	았	다	.					

📖 어휘 마당

苦 쓸 고
예 고통

盡 다할 진
예 진심

甘 달 감
예 감주

來 올 래
예 미래

🔊 큰 목소리로 또박또박 읽어 보세요.

*엄마랑 번갈아 읽어도 재미있어요!

속담 **등잔 밑이 어둡다.**

고사성어 **등하불명 燈 下 不 明**

등잔 **등** 아래 **하** 아니 **불** 밝을 **명**

뜻풀이 **가까이 있는 것이 도리어 알기 어렵다.**

이야기 한 토막

한 부인이 등불을 켜 놓고 바느질을 하고 있었어. 그러다 그만 바늘을 손에서 떨어뜨리고 말았지. 그런데 등불 덕분에 방 안이 환한데도 도저히 바늘을 찾을 수 없었단다.
"아이고머니나, 바늘이 여기 있었네!"
한참 뒤에야 부인은 겨우 바늘을 찾았어. 바늘이 어디에 있었느냐고?
놀랍게도 등불 바로 아래에 떨어져 있었단다!

생각 펼치기

등불을 켜 놓았을 때 가장 어두운 곳은 등불 바로 아래, 그림자가 진 부분이야. 등불에서 가장 가까운 곳이 가장 어둡다니 정말 이상하지?
이와 마찬가지로 우리는 가까이 있는 것에 대해 도리어 잘 모를 때가 있어. 가장 소중한 것인데도 때론 너무 가까이에 있어서 눈에 잘 보이지 않기도 하지. 나와 가장 가까운 가족이나 친구의 고민거리를 혹시라도 까맣게 모르고 있는 것은 아닌지 생각해 보렴.

✏️ 바른 자세로 또박또박 따라 써 보세요.

한 번
쓰고

| 등 | 잔 | | 밑 | 이 | | 어 | 둡 | 다 | . | | |

| | | | | | | | | | | | |

| 등 | 하 | | 불 | 명 | | 燈 | 下 | 不 | | 明 | |

✏️ 뜻을 생각하며 천천히 따라 써 보세요.

또 쓰고

| 가 | 까 | 이 | | 있 | 는 | | 것 | 이 | | 도 | 리 | 어 |

| 알 | 기 | | 어 | 렵 | 다 | . | | | | | | |

날씨 날아가기 전에 잡아 볼까?

✏️ 빈칸에 알맞은 '속담'을 쓰고, 문장을 완성해 보세요.

마무리

| | | | 밑 | 이 | | | | 더 | 니 | | 눈 |

| 앞 | 에 | | 있 | 는 | | 필 | 통 | 을 | | 한 | 참 | 찾 |

| 았 | 다 | . | | | | | | | | | |

📖 어휘 마당

燈 등잔 등
예 신호**등**

下 아래 하
예 지**하**

不 아니 불
예 **불**가능

明 밝을 명
예 **명**랑하다

🔊 **큰 목소리로 또박또박 읽어 보세요.**

*엄마랑 번갈아 읽어도 재미있어요!

속담 # 까마귀 날자 배 떨어진다.

고사성어 오비이락 烏 飛 梨 落

까마귀 **오** 날 **비** 배 **이** 떨어질 **락**

뜻풀이 공교롭게도 때가 같아, 아무 상관도 없는 일로 억울하게 의심을 받거나 난처한 위치에 처하게 됨.

헉! 난 아무 치도 안 했는데.

저쟁그랑!

이야기 한 토막

배나무에 앉아 있던 까마귀가 푸드덕 날아올랐어.

그런데 그와 동시에 배 하나가 떨어져, 마침 밑에서 낮잠을 자던 뱀의 머리를 쳤지 뭐야?

"아이고, 아파라! 네놈이 일부러 배를 던졌겠다? 가만두지 않겠어!"

"여보, 참아요. 하필 까마귀가 날 때 배가 떨어진 것뿐이니까요."

부인이 달래고 까마귀도 사과를 했어.

"정말 죄송해요. 일부러 그런 건 아니에요."

뱀은 그제야 화를 풀었대.

생각 펼치기

날자마자 동시에 떨어진 배 때문에 까마귀는 오해를 받게 되었어. 누구나 까마귀처럼 자신과는 아무 상관도 없는 일 때문에 오해를 받을 때가 있단다. 이럴 땐 다짜고짜 억울하다고 화부터 내지 말고 차분하게 오해를 풀어 나가는 것이 좋아.

✏️ 바른 자세로 또박또박 따라 써 보세요.

내
차례

까	마	귀		날	자		배		떨	어	진	다	.

오		비		이		락		烏	飛	梨	落

📖 어휘 마당

烏 까마귀 오
예 오작교

飛 날 비
예 비행기

梨 배 이
예 이화

落 떨어질 락
예 추락

✏️ 뜻을 생각하며 천천히 따라 써 보세요.

아빠
찬스

공	교	롭	게	도		때	가		같	아	,		아
무		상	관	도		없	는		일	로		억	울
하	게		의	심	을		받	거	나		난	처	한
위	치	에		처	하	게		됨	.				

명필가 났소이~~!

✏️ 빈칸에 알맞은 '고사성어'를 쓰고, 문장을 완성해 보세요.

마무리

부	엌	에		들	어	서	자	마	자		컵	이
깨	져		혼	이		났	으	니				
이	로	구	나	.								

푸드덕

🔊 큰 목소리로 또박또박 읽어 보세요.

*엄마랑 번갈아 읽어도 재미있어요!

속담 **아랫돌 빼서 윗돌 괸다.**

고사성어 **하석상대 下 石 上 臺**
아래 **하** 돌 **석** 위 **상** 괼 **대**

뜻풀이 **어떤 일을 임시로 적당히 둘러 막는다.**

이 정도면 괜찮지.

이야기 한 토막

간밤에 내린 비로 만수네 집 돌담의 윗부분이 무너졌어.
"이를 어쩐다? 옳지, 이러면 되겠군!"
만수는 아랫돌을 하나씩 빼서 위에 얹었어. 그러자 군데군데 구멍이 뚫리긴 했어도 그럴 듯해
보였지.
하지만 다음 날, 또다시 많은 비가 내리자 결국 돌담은 와르르 무너지고 말았단다.
"아이고, 어제 제대로 돌담을 쌓았으면 이런 일은 없었을 텐데!"

생각 펼치기

아랫돌을 빼서 윗돌을 괴면 어떻게 될까? 당연히 무너지고 말겠지? 진짜 원인은 그대로 두고
임시로 문제를 해결하려는 태도는 옳지 않아. 당장은 문제가 해결된 것처럼 보이지만 결국 더
큰 문제가 생기거든. 같은 뜻을 가진 속담으로 '눈 가리고 아웅'이 있어.

✏️ 바른 자세로 또박또박 따라 써 보세요.

한 번
쓰고

아	랫	돌		빼	서		윗	돌		괸	다	.

하	석	상	대	下	石	上	臺

✏️ 뜻을 생각하며 천천히 따라 써 보세요.

또 쓰고

어	떤		일	을		임	시	로		적	당	히
둘	러		막	는	다	.						

들서 날아가기 전에 잡아 볼까?

어휘 마당

下 아래 하
예 하교

石 돌 석
예 석탑

上 위 상
예 상위

臺 괼 대
예 무대

✏️ 빈칸에 알맞은 '고사성어'를 쓰고, 문장을 완성해 보세요.

마무리

				로		문	제	를		해	결	했
다	가	는		반	드	시		더		큰		문	제
가		생	길		것	이	다	.				

큰 목소리로 또박또박 읽어 보세요.

*엄마랑 번갈아 읽어도 재미있어요!

속담 **계란에도 뼈가 있다.**

고사성어 **계란유골 鷄 卵 有 骨**

닭 **계** 알 **란** 있을 **유** 뼈 **골**

뜻풀이 **복이 없는 사람은 좋은 기회를 만나도 일이 잘 풀리지 않는다.**

하필이면 소풍날 배가!

 이야기 한 토막

하루 종일 굶은 남자가 있었어. 마침 계란 파는 곳을 발견하고 계란 하나를 사 먹기로 했어. 남자는 드디어 배고픔에서 벗어날 수 있다는 생각에 무척 기뻤어. 계란을 산 뒤 허겁지겁 껍데기를 까서 입에 넣었는데……
"으악! 이게 뭐람?"
남자의 이가 그만 부러져 버렸지 뭐야? 계란 속에 작은 뼈가 씹혔던 거야.
"운이 없으려니까 계란에도 뼈가 다 있구나!"

생각 펼치기

부드러운 계란 속에 하필 뼈가 있어서 남자의 이가 부러지고 말았어. 참 운이 없는 남자이지? 살다 보면 누구나 이렇게 운이 없다고 느끼는 날이 있단다. 그런 날에는 얼굴을 찌푸릴 것이 아니라 반대로 환하게 웃어 봐. 긍정적인 생각은 상황도 긍정적으로 변화시키니까 말이야.

✏️ 바른 자세로 또박또박 따라 써 보세요.

내
차례 | 계 | 란 | 에 | 도 | | 뼈 | 가 | | 있 | 다 | . |

| | | | | | | | | | | |

| 계 | 란 | 유 | 골 | 鷄 | 卵 | 有 | 骨 |

✏️ 뜻을 생각하며 천천히 따라 써 보세요.

엄마
차례 | 복 | 이 | | 없 | 는 | | 사 | 람 | 은 | | 좋 | 은 |
| 기 | 회 | 를 | | 만 | 나 | 도 | | 일 | 이 | | 잘 | | 풀 |
| 리 | 지 | | 않 | 는 | 다 | . |

명필가 넝시요~~!

✏️ 빈칸에 알맞은 '속담'을 쓰고, 문장을 완성해 보세요.

마무리 | | | 에 | 도 | | | 가 | | | | 더 | 니 |
| 소 | 풍 | 날 | | 아 | 침 | 에 | | 하 | 필 | | 배 | 탈 | 이 |
| 나 | 고 | | 말 | 았 | 다 | . |

📖 어휘 마당

鷄 닭 계
예 계란

卵 알 란
예 유정란

有 있을 유
예 유명

骨 뼈 골
예 해골

🔊 큰 목소리로 또박또박 읽어 보세요.

*엄마랑 번갈아 읽어도 재미있어요!

속담　**십 년이면 강산도 변한다.**

고사성어　**상전벽해　桑　田　碧　海**
　　　　　뽕나무 **상**　밭 **전**　푸를 **벽**　바다 **해**

뜻풀이　**세월이 흐르면 모든 것이 변한다.**

이야기 한 토막

한 남자가 십 년 만에 고향을 찾았어.
"논밭이 있던 곳에 시장이 들어섰구나!"
몰라볼 정도로 변한 고향의 모습에 남자는 깜짝 놀랐어. 오랜만에 만난 이웃이 그 모습을 보고 껄껄 웃으며 이렇게 말했지.
"뽕나무 밭이 바다가 된다는 '상전벽해(桑田碧海)'라는 말이 있지 않나? 세월이 흐르면 모든 것이 변한다네. 그러니 고향에 좀 자주 오게나!"

생각 펼치기

내 얼굴의 생김새가 계속 변하듯, 자연의 풍경은 물론 세상의 모든 일이나 모습도 매일매일 바뀌고 있어. 그러니 십 년이라는 긴 시간이 흐르면 어떻게 될까? 아마 몰라보게 달라질 거야. 그렇다면 십 년 후 나는 어떤 모습일까? 십 년 후의 내가 자랑스러운 모습일 수 있도록 우리 하루하루 최선을 다하자.

✏️ 바른 자세로 또박또박 따라 써 보세요.

한 번
쓰고

십		년	이	면		강	산	도		변	한	다	.

상	전	벽	해		桑	田	碧	海	

✏️ 뜻을 생각하며 천천히 따라 써 보세요.

또 쓰고

세	월	이		흐	르	면		모	든		것	이
변	한	다	.									

늘이 날아가기 전에 잡아 볼까?

✏️ 빈칸에 알맞은 '고사성어'를 쓰고, 문장을 완성해 보세요.

마무리

논	밭	이		빌	딩		숲	이		되	다	니
		로	구	나	.							

어휘 마당

田 밭 **전**
예 **전**원생활

碧 푸를 **벽**
예 **벽**안

海 바다 **해**
예 **해**외, 동**해**

18일차

큰 목소리로 또박또박 읽어 보세요.

＊아빠랑 번갈아 읽어도 재미있어요!

속담 **양지가 음지 되고 음지가 양지 된다.**

고사성어 **새옹지마　塞　翁　之　馬**
변방 **새**　늙은이 **옹**　어조사 **지**　말 **마**

뜻풀이 **인생은 앞날을 예측할 수 없다.**

이야기 한 토막

변방에 한 노인이 살고 있었어. 어느 날, 하나뿐인 말이 도망을 가 버렸지만 노인은 조금도 슬퍼하지 않았어.

"나쁜 일이 있으면 좋은 일도 있는 법이라오."

노인의 말대로 얼마 후 도망갔던 말이 튼튼한 말을 한 마리 더 데리고 돌아왔지. 이웃들이 축하해 주자 노인은 근심 어린 표정으로 말했어.

"좋은 일이 있으면 나쁜 일도 있는 법이라오."

다시 얼마 후 노인의 아들이 새로 온 말을 타다 떨어져 절름발이가 되었어. 하지만 그 덕분에 일 년 후 전쟁이 일어났을 때, 노인의 아들은 전쟁터에 나가지 않아도 되어 목숨을 건질 수 있었단다.

 생각 펼치기

살다 보면 좋은 일도 있지만, 또 나쁜 일도 생기기 마련이란다. 언제 좋은 일이 생길지, 또 언제 나쁜 일이 생길지 미리 알 수 없는 것이 인생이야. 그러니 좋은 일이 생겼다고 해서 자만하거나, 나쁜 일이 생겼다고 해서 좌절하지 마!

✏️ 바른 자세로 또박또박 따라 써 보세요.

내
차례

양	지	가		음	지		되	고		음	지	가
양	지		된	다	.							

새	옹	지	마	塞	翁	之	馬

📖 어휘 마당

塞 변방 **새**
　예　요**새**

翁 늙은이 **옹**
　예　**옹**주

馬 말 **마**
　예　승**마**, **마**차

✏️ 뜻을 생각하며 천천히 따라 써 보세요.

아빠
찬스

인	생	은		앞	날	을		예	측	할		수
없	다	.										

명필라 넓치리~~!

✏️ 빈칸에 알맞은 '고사성어'를 쓰고, 문장을 완성해 보세요.

마무리

어	제		시	험	에	서		백	점		맞
아		기	뻐	했	는	데	,		오	늘	자	전	거
를		잃	어	버	린		것	을		보	니		인
생	은						야	.			

📢 **큰 목소리로 또박또박 읽어 보세요.**

*엄마랑 번갈아 읽어도 재미있어요!

속담 **마른하늘에 날벼락**

고사성어 **청천벽력** 靑 天 霹 靂
푸를 **청** 하늘 **천** 벼락 **벽** 벼락 **력**

뜻풀이 **뜻밖에 일어난 큰 사건**

이야기 한 토막

지혜와 성훈이가 먹을 것을 잔뜩 싸 가지고 소풍을 갔어.
하늘은 맑고 바람은 살랑살랑 불었지. 실컷 먹고 마신 지혜와 성훈이는 양지바른 곳에 누워 낮잠을 잤어. 그때였어.
우르릉 쾅쾅!
맑은 하늘에 천둥 번개가 치더니 갑자기 비가 쏟아지지 뭐야?
"마른하늘에 갑자기 벼락이 내리치다니 이게 무슨 일이람?"
지혜와 성훈이는 허둥지둥 비를 피하느라 소풍을 그만 끝내야 했어.

생각 펼치기

맑은 하늘에서 갑자기 벼락이 내리치면 정말 깜짝 놀라겠지? 이런 것처럼 갑자기 큰일이 닥치게 되면 대부분의 사람들은 놀라서 넋이 빠지게 된단다. 살다 보면 언제 무슨 일이 닥칠지 모르니 미리미리 대비하는 준비성이 필요하겠지?

✏️ 바른 자세로 또박또박 따라 써 보세요.

한 번
쓰고 | 마른하늘에 | 날벼락 |

| | | | | | | | | | |

| 청 | 천 | 벽 | 력 | 青 | 天 | 霹 | 靂 |

✏️ 뜻을 생각하며 천천히 따라 써 보세요.

또 쓰고 | 뜻밖에 | 일어난 | 큰 | 사건 |

| | | | | | | | | | |

늘어 날아가기 전에 잡아 볼까?

✏️ 빈칸에 알맞은 '속담'을 쓰고, 문장을 완성해 보세요.

마무리 | 예 | 원 | 이 | 가 | | 갑 | 자 | 기 | | 다 | 치 | 자 |

| 엄 | 마 | 는 | | | | | | 에 | | | | | | | 을 |

| 맞 | 은 | | 기 | 분 | 이 | 었 | 다 | . |

📖 어휘 마당

青 푸를 청
예 청년

天 하늘 천
예 천국, 개천절

霹靂 벽력
▶ 천둥이나 번개와 같이 매우 크고 우렁찬 소리를 내는 자연현상을 가리킴.

큰 목소리로 또박또박 읽어 보세요.

*엄마랑 번갈아 읽어도 재미있어요!

속담 주머니에 들어간 송곳이라

고사성어 낭중지추 囊 中 之 錐

주머니 **낭** 가운데 **중** 어조사 **지** 송곳 **추**

뜻풀이 재능이 뛰어난 사람은 아무리 숨어 있어도 드러나게 마련이다.

퀴즈대회 최종 우승자!

와, 저렇게 똑똑한 줄 몰랐네……

3000

이야기 한 토막

김 선비는 누구보다 글공부를 많이 한 똑똑한 사람이었지만 평범하게 살고 싶었어. 그래서 임금님이 내려 준 벼슬도 거절하고 시골에서 농사를 지으며 지냈지.

그런데 어느 날, 마을 사람들이 편지를 대신 읽어 달라며 찾아오기 시작했어.

"저희가 글자를 읽을 줄 몰라서……."

"아니, 내가 글을 안다는 사실을 어찌 아셨소?"

김 선비의 물음에 마을 사람들은 방긋 웃으며 대답했지.

"똑똑함은 아무리 숨기려 해도 숨길 수 없는 법이거든요."

생각 펼치기

낭중지추(囊中之錐), 주머니 속에 송곳이 들어 있다면 어떨까? 자꾸만 뾰족한 부분이 옷을 뚫고 나와서 주머니 속에 송곳이 들어 있다는 사실을 감출 수 없을 거야. 똑똑함이나 재능도 주머니 속 송곳과 마찬가지로 숨기려 해도 곧 드러나는 것이란다. 오늘부터 목표를 '주머니 속의 송곳과도 같은 사람이 되자.'로 바꾸면 어떨까?

✏️ 바른 자세로 또박또박 따라 써 보세요.

내 차례	주	머	니	에		들	어	간		송	곳	이	라

| | | | | | | | | | | | | | |

	낭		중		지		추		囊	中	之	錐

✏️ 뜻을 생각하며 천천히 따라 써 보세요.

엄마 차례	재	능	이		뛰	어	난		사	람	은		아
	무	리		숨	어		있	어	도		드	러	나	게
	마	련	이	다	.								

Deng필라 낭씨인~~!

✏️ 빈칸에 알맞은 '속담'을 쓰고, 문장을 완성해 보세요.

마무리				에	
더	니		혜	영	이	의		똑	똑	함	을		모
르	는		이	가		없	었	다	.				

📖 어휘 마당

囊 주머니 낭
예 배낭

中 가운데 중
예 중국, 집중력

錐 송곳 추
예 시추, 시추선

저희가 글을 읽을 줄 몰라서…….

내가 글을 안다는 사실을 어찌 아셨소?

몸과 마음을
모두 깨끗하게!

3장

올바른 행동과 마음가짐

매일 체크!

☐ **21**일차 　제 꾀에 제가 넘어간다

　☐ **22**일차 　강 건너 불구경

☐ **23**일차 　동에 번쩍 서에 번쩍

　☐ **24**일차 　달면 삼키고 쓰면 뱉는다

☐ **25**일차 　방귀 뀐 놈이 성낸다

　☐ **26**일차 　숭어가 뛰니까 망둥이도 뛴다

☐ **27**일차 　갈치가 갈치 꼬리 문다

　☐ **28**일차 　비짓국 먹고 용트림한다

☐ **29**일차 　강원도 포수

　☐ **30**일차 　모기를 보고 칼을 뽑는다

🔊 큰 목소리로 또박또박 읽어 보세요.

*엄마랑 번갈아 읽어도 재미있어요!

속담 **제 꾀에 제가 넘어간다.**

고사성어 **자업자득** 自 業 自 得
스스로 **자** 일 **업** 스스로 **자** 얻을 **득**

뜻풀이 **자기의 잘못은 자신에게 되돌아온다.**

이야기 한 토막

기수가 웅식이를 골탕 먹이려고 몰래 함정을 파 놓았어. 그리고 웅식이가 올 때까지 기다렸지. 하지만 아무리 기다려도 웅식이는 나타나지 않았어.

"아함, 졸려. 그만 집에 가야겠……. 으악!"

그때였어. 집으로 돌아가려고 몇 걸음 내딛은 순간, 기수는 그만 자기가 파 놓은 함정에 빠지고 말았어.

'내 꾀에 내가 넘어가고 말았구나!'

그야말로 자업자득(自業自得)이지. 자기가 저지른 일의 결과를 자기가 받은 거야.

생각 펼치기

웅식이를 골탕 먹이려던 기수는 오히려 자신이 함정에 빠지고 말았어. 이렇듯 나쁜 행동을 하면 언젠가는 반드시 자신에게 되돌아온단다. 자신이 한 행동에는 반드시 책임이 뒤따른다는 사실을 명심하고, 언제나 올바르게 행동하려고 노력하렴.

✏️ 바른 자세로 또박또박 따라 써 보세요.

한 번
쓰고
| 제 | 꾀 | 에 | | 제 | 가 | | 넘 | 어 | 간 | 다 | . |

| | | | | | | | | | | | |

| 자 | 업 | 자 | 득 | 自 | 業 | 自 | 得 |

📖 어휘 마당

自 스스로 자
예 **자**유

業 일 업
예 **업**적, 수**업**

得 얻을 득
예 설**득**력

✏️ 뜻을 생각하며 천천히 따라 써 보세요.

또 쓰고
| 자 | 기 | 의 | | 잘 | 못 | 은 | | 자 | 신 | 에 | 게 |
| 되 | 돌 | 아 | 온 | 다 | . |

늘써 날아가기 전에 강아 볼까?

✏️ 빈칸에 알맞은 '속담'을 쓰고, 문장을 완성해 보세요.

마무리
승	욱	이	는		동	생	을		골	탕		먹
이	려	다	가	,		오	히	려				에
	가			가	고		말	았	다	.

📢 큰 목소리로 또박또박 읽어 보세요.

＊아빠랑 번갈아 읽어도 재미있어요!

속담 강 건너 불구경

고사성어 수수방관 袖 手 傍 觀

소매 **수** 손 **수** 곁 **방** 볼 **관**

뜻풀이 무관심하게 내버려 두는 모양

내 동생도 아닌데..

으앙~!

이야기 한 토막

간밤에 온 동네에 도둑이 들었어. 단 한 집, 김 씨네만 빼고 말이야. 집집마다 난리가 났는데, 김 씨는 자기 일이 아니라며 소매에 손을 넣고 곁에서 구경만 했지.

다음 날, 김씨가 시장을 다녀오는데 다리 건너편에 불이 활활 타오르는 게 보였어.

"웬 불구경이람?"

김씨는 또 소매에 손을 넣고 불구경을 했어.

"이보게, 저거 김 씨 자네 집이 아닌가?"

"뭐, 뭐라고?"

그제야 김 씨는 얼굴이 새파래져서는 허둥지둥 뛰어갔다나 뭐라나!

생각 펼치기

친구가 어려움에 빠졌는데도 내 일이 아니라며 무관심했던 적이 있니? 나와 아무 상관도 없다고 생각했던 일이 언젠가는 나에게 일어날 수도 있단다. 그때 친구나 가족이 수수방관(袖手傍觀)한다면 기분이 좋지 않겠지? 앞으로는 주변 사람에게 힘든 일이 생기면 먼저 손을 내밀어 보자.

✏️ 바른 자세로 또박또박 따라 써 보세요.

내
차례

강	건	너		불	구	경		

수	수	방	관	袖	手	傍	觀	

🧽 어휘 마당

手 손 수
예 **수**첩, 박**수**

傍 곁 방
예 **방**청객

觀 볼 관
예 **관**광

✏️ 뜻을 생각하며 천천히 따라 써 보세요.

아빠
찬스

무	관	심	하	게		내	버	려		두	는
모	양										

명필가 났어요~~!

✏️ 빈칸에 알맞은 '고사성어'를 쓰고, 문장을 완성해 보세요.

마무리

할	머	니	가		소	매	치	기	를		당	했
는	데	도		모	두						할	뿐
이	었	다	.									

📢 큰 목소리로 또박또박 읽어 보세요.

＊엄마랑 번갈아 읽어도 재미있어요!

속담　　**동에 번쩍 서에 번쩍**

고사성어　**동분서주**　　**東　奔　西　走**
　　　　　　　　　　　동녘 **동**　달릴 **분**　서녘 **서**　달릴 **주**

뜻풀이　**이리저리 바쁘게 돌아다님.**

이야기 한 토막

가난한 백성들이 모여 사는 마을이 아침부터 소란스러웠어. 마을 한가운데에 누군가 쌀가마니를 잔뜩 쌓아 두고 간 거야.

"홍길동 님이 다녀가신 게 분명해!"

"홍길동이 누구인데?"

"동에 번쩍 서에 번쩍 나타나서 탐관오리＊들의 재물을 빼앗아, 우리 같은 가난한 백성들을 돕는 분이라네."

"그렇다면 홍길동 님이 다녀가신 게 맞는 모양이군! 만세!"

백성들은 마을이 떠나갈 듯 기쁨의 만세를 불렀단다.

생각 펼치기

홍길동은 조선 시대의 소설에 나오는 의로운 도적이야. 가난한 백성들을 도우며, 어디를 왔다 갔다 하는지 알 수 없을 만큼 번개처럼 재빨리 움직였다고 해. 동에 번쩍 서에 번쩍 하며 부지런히 움직이면 남보다 더 많은 일을 해낼 수 있단다. 나는 요즘 어떤 일로 동분서주(東奔西走)했는지 생각해 볼까?

✏️ 바른 자세로 또박또박 따라 써 보세요.

한 번
쓰고 | 동 | 에 | 번 | 쩍 | 서 | 에 | 번 | 쩍 |

| | | | | | | | | |

| 동 | 분 | 서 | 주 | 東 | 奔 | 西 | 走 |

✏️ 뜻을 생각하며 천천히 따라 써 보세요.

또 쓰고 | 이 | 리 | 저 | 리 | | 바 | 쁘 | 게 | | 돌 | 아 | 다 | 님. |

| | | | | | | | | | | | | |

늘어 날아가기 전에 잡아 볼까?

✏️ 빈칸에 알맞은 '고사성어'를 쓰고, 문장을 완성해 보세요.

마무리 | 개 | 똥 | 이 | 는 | | | | | 하 | 며 | | 바 |
| 쁘 | 게 | | 돌 | 아 | 다 | 녔 | 다. |

◆ 어휘 마당

東 동녘 동
西 서녘 서
　예 동서남북

奔 달릴 분
　예 분주

走 달릴 주
　예 경주, 계주

*탐관오리
욕심이 많고 행동이
깨끗하지 못한
벼슬아치.

 큰 목소리로 또박또박 읽어 보세요.

*엄마랑 번갈아 읽어도 재미있어요!

속담 **달면 삼키고 쓰면 뱉는다.**

고사성어 **감탄고토** 甘 呑 苦 吐

달 **감** 삼킬 **탄** 쓸 **고** 뱉을 **토**

뜻풀이 **옳고 그름을 보지 않고 자기가 좋으면 갖고 싫으면 버린다.**

 이야기 한 토막

칠성이가 산길을 걸어가고 있었어. 그때 난생 처음 보는 빨간 열매가 먹음직스럽게 나뭇가지에 매달려 있는 것이 보였지. 칠성이는 얼른 열매를 따서 입에 넣었어.

"이야, 정말 달콤하다!"

"그것은 맛은 달콤하나 독이 있어서 절대 먹으면 안 되는 열매라네. 어서 이 약초를 먹게나."

마침 길을 지나던 선비가 독을 없애 주는 길가의 약초를 따서 칠성이에게 건넸어.

"으악, 써! 퉤퉤!"

칠성이는 선비가 건넨 해독제를 쓰다며 전부 뱉어 버렸어. 선비는 혀를 끌끌 차며 말했단다.

"쯧쯧. 어떤 것이 몸에 좋고 나쁜지 구분하지 못하고, 그저 달면 삼키고 쓰면 뱉는구나!"

 생각 펼치기

엄마가 맛있는 간식을 만들어 주는 것은 좋은데 잔소리를 하는 것은 싫지? 하지만 나를 올바른 길로 이끌어 주는 것은 달콤한 간식이 아니라 듣기 싫은 엄마의 잔소리란다. 엄마의 잔소리가 당장 듣기에는 쓰지만, 내 앞날에는 달다고 생각하며 귀담아 들어 보면 어떨까?

✏️ 바른 자세로 또박또박 따라 써 보세요.

| 내 차례 | 달 | 면 | | 삼 | 키 | 고 | | 쓰 | 면 | | 뱉 | 는 | 다 | . |

| 감 | | 탄 | | 고 | | 토 | | 甘 | 呑 | 苦 | 吐 |

어휘 마당

甘 달 감
예 **감**초

呑 삼킬 탄
예 **탄**식

苦 쓸 고
예 **고**생

吐 뱉을 토
예 **토**사물

✏️ 뜻을 생각하며 천천히 따라 써 보세요.

엄마 차례	옳	고		그	름	을		보	지		않	고
자	기	가		좋	으	면		갖	고		싫	으	면
버	린	다	.								

명필가 났지요~~!

✏️ 빈칸에 알맞은 '속담'을 쓰고, 문장을 완성해 보세요.

마무리	흥	부	를		내	쫓	은		놀	부	는	
				고					는		이	기
적	인		인	물	이	야	.				

으악! 퉤! 퉤퉤!

쯧쯧, 달면 삼키고 쓰면 뱉는구나.

 큰 목소리로 또박또박 읽어 보세요.

*엄마랑 번갈아 읽어도 재미있어요!

속담 **방귀 뀐 놈이 성낸다.**

고사성어 **적반하장 賊 反 荷 杖**

도둑 **적** 뒤집을 **반** 멜 **하** 몽둥이 **장**

뜻풀이 **잘못한 사람이 도리어 트집을 잡는다.**

앞으론 나 같은 사람이 안 생기게 스스로 물건을 잘 챙기세요!

피해자들께 한 말씀 해 주시죠.

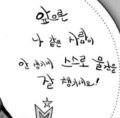

 이야기 한 토막

이 선비는 부스럭거리는 소리에 늦은 밤 잠에서 깼어. 눈을 뜨니 그림자 하나가 후다닥 도망을 치고 있었어.

"도둑이야!"

부리나케 쫓아가 도둑을 잡은 이 선비는 호통을 쳤어.

"이 못된 도둑놈 같으니! 당장 관아로 끌고 가야겠다!"

그랬더니 도둑이 도리어 화를 내지 뭐야?

"아니, 뭐 훔쳐 갈 거라도 있어야 훔칠 것이 아닙니까? 이렇게 먼지 한 톨 없는 집은 살다 살다 처음 봤습니다."

"뭐라고? 도둑이 도리어 몽둥이를 든다더니……."

 생각 펼치기

고약한 냄새를 풍기며 방귀를 뀐 친구가 도리어 나에게 화를 낸다면, 얼마나 황당할까? 전혀 그럴 처지가 못 되는 사람이 도리어 트집을 잡고 화를 낸다면 상대방은 정말 억울할 거야. 나의 잘못으로 문제가 생겼을 때는 솔직하게 고백하고 사과하는 것이 올바른 행동이란다.

✏️ 바른 자세로 또박또박 따라 써 보세요.

월 일

한 번
쓰고

방	귀		뀐		놈	이		성	낸	다	.

적	반	하	장	賊	反	荷	杖

✏️ 뜻을 생각하며 천천히 따라 써 보세요.

또 쓰고

잘	못	한		사	람	이		도	리	어		트
집	을		잡	는	다	.						

늘버 날아가기 전에 잡아 볼까?

✏️ 빈칸에 알맞은 '고사성어'를 쓰고, 문장을 완성해 보세요.

마무리

				도		유	분	수	지	,	네	가
왜		화	를		내	니	?					

어휘 마당

賊 도둑 적
예 해적선

反 뒤집을 반
예 반성

荷 멜 하
예 하선, 하역

杖 몽둥이 장
예 곤장, 선인장

훔쳐 갈 거라도 있어야 훔칠 것이 아닙니까?

뭐! 이 도둑놈이!

큰 목소리로 또박또박 읽어 보세요.

＊엄마랑 번갈아 읽어도 재미있어요!

속담 **숭어가 뛰니까 망둥이도 뛴다.**

고사성어 **부화뇌동 附 和 雷 同**

붙을 **부** 뜻이 맞을 **화** 우레 **뇌** 같을 **동**

뜻풀이 **자기 분수나 처지는 생각하지 않고 남을 따라 한다.**

 이야기 한 토막

은빛 숭어가 힘차게 물살을 가르며 높이 뛰어올랐어.
"이야, 멋진걸? 나도 할 수 있어!"
몸집이 작고 못생긴 망둥이도 꼬리를 차며 뛰어 보았지. 하지만 겨우 물 위로 머리만 빼꼼히 내밀 수 있을 뿐이었어.
그 모습을 지켜보던 미꾸라지 할아버지가 혀를 끌끌 차며 말했어.
"우레＊가 울리면 서로 뜻이 맞는 것들은 다 같이 울린다더니, 딱 그 꼴이구나!"

생각 펼치기

망둥이는 힘차게 뛰어오르는 숭어의 모습이 부러워서 무턱대고 따라 하다가 비웃음을 당했어.
이렇듯 남이 하니까 자기 분수나 처지는 생각하지 않고 무작정 따라 하는 것은 좋지 않아. 설사 내가 숭어가 아니라 망둥이를 닮았다고 해도 나에게는 나만의 장점과 개성이 있다는 사실, 잊지 마.

✏️ 바른 자세로 또박또박 따라 써 보세요.

내
차례

| 숭 | 어 | 가 | | 뛰 | 니 | 까 | | 망 | 둥 | 이 | 도 |
| 뛴 | 다 | . | | | | | | | | | |

| 부 | 화 | 뇌 | 동 | 附 | 和 | 雷 | 同 |

✏️ 뜻을 생각하며 천천히 따라 써 보세요.

엄마
차례

| 자 | 기 | | 분 | 수 | 나 | | 처 | 지 | 는 | | 생 | 각 |
| 하 | 지 | | 않 | 고 | | 남 | 을 | | 따 | 라 | | 한 | 다 | . |

D형펄라 냄새인~~!

✏️ 빈칸에 알맞은 '속담'을 쓰고, 문장을 완성해 보세요.

마무리

			뛰	니	까				
		고	,	철	수	는		연	예	인	을		무
조	건		따	라		한	다	.

📖 어휘 마당

附 붙을 부
예 부록

和 뜻이 맞을 화
예 화해, 화목

同 같을 동
예 동갑

*우레
'천둥'을 이르는 말.

나오 할래!

꿋 꿋......
무턱대고 따라 하다니......

📢 큰 목소리로 또박또박 읽어 보세요.

＊엄마랑 번갈아 읽어도 재미있어요!

속담 　**갈치가 갈치 꼬리 문다.**

고사성어 　**동족상잔　同　族　相　殘**
같을 **동**　겨레 **족**　서로 **상**　잔인할 **잔**

뜻풀이 　**같은 민족끼리 서로 싸우고 죽인다.**

이야기 한 토막

빛나는 꼬리를 가진 갈치 반짝이가 여유롭게 헤엄을 치고 있었어. 그때였어.

"아얏!"

누군가 반짝이의 꼬리를 날카로운 이빨로 꽉 깨물었어. 반짝이는 너무 아파서 눈물이 찔끔 나왔지. 얼른 뒤를 돌아보니, 세상에, 키 작은 갈치 짤둥이가 범인이지 뭐야?

"너 왜 같은 갈치끼리 잡아먹으려고 하니?"

"미안해, 반짝아. 너무 배가 고파서 다른 물고기인 줄 알았지 뭐야?"

생각 펼치기

같은 민족끼리는 서로 도우며 친하게 지내게 마련이야. 그런데 같은 민족끼리 오히려 싸우고 서로 죽이려 든다면 어떨까, 정말 끔찍하겠지? 우리 민족은 6·25 전쟁 때 남과 북으로 나뉘어 서로 총을 겨누는 비극을 겪어야 했어. 이런 일이 다시는 일어나서는 안 되겠지.

✏️ 바른 자세로 또박또박 따라 써 보세요.

한 번 쓰고

갈	치	가		갈	치		꼬	리		문	다	.

동	족	상	잔	同	族	相	殘

📖 어휘 마당

同 같을 **동**
예 **동**생

族 겨레 **족**
예 가**족**, **족**보

✏️ 뜻을 생각하며 천천히 따라 써 보세요.

또 쓰고

같	은		민	족	끼	리		서	로		싸	우
고		죽	인	다	.							

相 서로 **상**
예 **상**담

날아가기 전에 잡아 볼까?

殘 잔인할 **잔**
예 **잔**인

✏️ 빈칸에 알맞은 '고사성어'를 쓰고, 문장을 완성해 보세요.

마무리

6	·	25		전	쟁	은						의
비	극	이	었	다	.							

너! 왜 이래!

📢 큰 목소리로 또박또박 읽어 보세요.

＊엄마랑 번갈아 읽어도 재미있어요!

속담 비짓국 먹고 용트림＊한다.

고사성어 침소봉대　針　小　棒　大

바늘 **침**　작을 **소**　몽둥이 **봉**　클 **대**

뜻풀이 작은 일을 크게 부풀려 떠벌린다.

내가 이~만큼
큰 물고기를 잡았는데.

이야기 한 토막

병문이는 허세 부리고 거드름 피우길 좋아했어. 어느 날, 병문이는 콩으로 쑨 비짓국을 먹고는 몹시 만족한 듯 배를 두드리며 돌아다녔지.
"아니, 어디서 맛있는 거라도 먹은 모양이지?"
"아주 맛있고 대단한 걸 먹었지요. 꺼억."
병문이는 무척 배가 부른 듯 용트림을 크게 했어. 이웃 사람은 속으로 이렇게 비웃었어.
'작은 바늘을 큰 몽둥이로 부풀려 이야기하는 놈이로구나. 보잘 것 없는 것을 먹고는 맛있고 대단한 걸 먹은 척하는군.'

생각 펼치기

병문이는 비지로 만든 국을 먹고도 잘 먹은 체하느라고 허세를 부렸어. 이처럼 시험을 앞두고 공부를 하나도 하지 않았는데 많이 한 척하거나, 재미없는 주말을 보냈는데 무척 즐거웠던 것처럼 말한 적이 있니? 이렇게 허세 부리는 행동은 남들에게 '믿을 수 없는 사람'이라는 인상을 주므로 해서는 안 돼.

✏️ 바른 자세로 또박또박 따라 써 보세요.

내
차례

비	짓	국		먹	고		용	트	림	한	다	.

침	소	봉	대	針	小	棒	大

✏️ 뜻을 생각하며 천천히 따라 써 보세요.

엄마
차례

작	은		일	을		크	게		부	풀	려
떠	벌	린	다	.							

명필과 냄새요~~!

✏️ 빈칸에 알맞은 '속담'을 쓰고, 문장을 완성해 보세요.

마무리

병	문	이	는						먹	고	
		하	는		허	풍	쟁	이	야	.	

어휘 마당

針 바늘 **침**
예 나**침**반, **침**엽수

小 작을 **소**
예 **소**변, **소**심

棒 몽둥이 **봉**
예 철**봉**

大 큰 **대**
예 **대**한민국

*용트림
거드름을 피우며
일부러 크게 힘을
들여 하는 트림.

🔊 **큰 목소리로 또박또박 읽어 보세요.**

*엄마랑 번갈아 읽어도 재미있어요!

속담	**강원도 포수**
고사성어	**함흥차사 咸 興 差 使**
	다 **함** 일 **흥** 다를 **차** 부릴 **사**
뜻풀이	**한 번 간 후 돌아오지 않거나 매우 늦게 돌아오는 사람을 비유한 말**

심부름 간 지 꽤 되었는데 아직도 안 오네

이야기 한 토막

조선을 세운 태조 이성계는 아들들이 다음 왕위를 놓고 다투자, 화가 나서 함흥 지방으로 가 버렸어.

왕이 된 태종 이방원은 아버지의 화를 풀고 모셔 오기 위해 여러 번 차사를 보냈지. 차사란 중요한 임무를 위해 보내는 벼슬아치를 말해.

하지만 이성계는 이방원이 보낸 사신들을 잡아 가두고는 한양으로 돌려보내지 않았어. 이렇게 함흥으로 간 차사가 다시 돌아오지 못한 데서 '함흥차사(咸興差使)'라는 표현이 나왔단다.

생각 펼치기

강원도는 산이 험하고 호랑이가 많아서 사냥을 간 포수들이 영영 돌아오지 못하는 경우가 많았어. 그래서 '강원도 포수'는 함흥차사와 마찬가지로 한 번 간 후 돌아오지 않는 사람을 비유하는 말로 쓰인단다. 심부름을 갔다가 다른 일에 정신이 팔린 적이 있니? 그래서 기다리는 엄마를 걱정시킨 적은? 누군가를 오래도록 기다리게 하는 것은 될 수 있으면 삼가는 것이 좋아.

✏️ 바른 자세로 또박또박 따라 써 보세요.

한 번 쓰고

강	원	도		포	수							

| | | | | | | | | | | | | |

함	흥	차	사	咸	興	差	使				

✏️ 뜻을 생각하며 천천히 따라 써 보세요.

또 쓰고

한	번	간	후	돌	아	오	지	
않	거	나	매	우	늦	게	돌	아	오	는
사	람	을	비	유	한	말		

을(ㄹ) 날아가기 전에 잡아 볼까?

✏️ 빈칸에 알맞은 '고사성어'를 쓰고, 문장을 완성해 보세요.

마무리

심	부	름	을	간		돌	쇠	가	
			로	구	나	.		

📖 어휘 마당

咸 다 함
　예 함경도

興 일 흥
　예 흥미

差 다를 차
　예 차이, 차별

使 부릴 사
　예 대사

이성계요

오지 말라 했다!

함흥으로 간 차사

큰 목소리로 또박또박 읽어 보세요.

*아빠랑 번갈아 읽어도 재미있어요!

속담 **모기를 보고 칼을 뽑는다.**

고사성어 **견문발검 見 蚊 拔 劍**
볼 **견** 모기 **문** 뽑을 **발** 칼 **검**

뜻풀이 **속이 좁아 작은 일에도 화를 낸다.**
(작은 일에 지나치게 큰 대책을 세운다.)

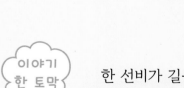 이야기 한 토막

한 선비가 길을 가는데, 멀리서 덩치 좋은 장수가 하늘을 향해 무쇠 칼을 휙휙 휘두르고 있었어. 선비가 얼른 다가가 물었어.
"아니, 근처에 적이라도 있소?"
"그게 아니라 모기 한 마리가 나를 물었소. 천하의 원수, 모기를 반드시 찌르고 말 것이오!"
선비는 혀를 끌끌 차며 혼잣말로 말했어.
"겨우 모기 한 마리를 보고 칼을 꺼내들다니……. 속이 좁은 사람이로군!"

 생각 펼치기

누구나 아주 작은 일에 불같이 화를 낸 적이 있을 거야. 하지만 뒤돌아 생각해 보면 왜 그처럼 작은 일에 화를 냈는지 금세 부끄러워졌을 거야. 우리 모두 작은 일에 크게 화내는 소인배(小人輩, 마음 씀씀이가 좁은 사람)가 아니라, 큰일이 닥쳐도 하하 웃는 대인배가 되면 어떨까?

✏️ 바른 자세로 또박또박 따라 써 보세요.

내 차례

모	기	를		보	고		칼	을		뽑	는	다.

견	문	발	검	見	蚊	拔	劍

📓 **어휘 마당**

見 볼 **견**
예 **견**학

拔 뽑을 **발**
예 선**발**

劍 칼 **검**
예 **검**도

✏️ 뜻을 생각하며 천천히 따라 써 보세요.

아빠 찬스

속	이		좁	아		작	은		일	에	도
화	를		낸	다.							

D형펜가 냥시인~~!

✏️ 빈칸에 알맞은 '속담'을 쓰고, 문장을 완성해 보세요.

마무리

			보	고					는
속		좁	은		사	람	은		되	지		말	자.

4장

지혜로운 생각

매일 체크!

☐ **31일차**　엎친 데 덮친다

　　☐ **32일차**　보고 못 먹는 것은 그림의 떡

☐ **33일차**　같은 값이면 다홍치마

　　☐ **34일차**　소 잃고 외양간 고친다

☐ **35일차**　하나만 알고 둘은 모른다

　　☐ **36일차**　계란으로 바위 치기

☐ **37일차**　입술이 없으면 이가 시린다

　　☐ **38일차**　빈대 잡으려다 초가삼간 다 태운다

☐ **39일차**　문 연 놈이 문 닫는다

　　☐ **40일차**　한강에 돌 던지기

31 일차

큰 목소리로 또박또박 읽어 보세요.

*엄마랑 번갈아 읽어도 재미있어요!

속담 **엎친 데 덮친다.**

고사성어 **설상가상 雪 上 加 霜**

눈 설 위 상 더할 가 서리 상

뜻풀이 **난처한 일이나 불행이 잇따라 일어난다.**

이야기 한 토막

한 나그네가 먼 길을 가고 있었어. 며칠을 걸어도 쉬어 갈 마을이나 주막 하나 보이지 않았지. 나그네는 길가에서 잠을 청해야 했어. 너무 오래 걸어서인지 나그네의 발은 퉁퉁 부었고 짚신도 전부 해어져 버렸어. 거기다 밤이 깊자 눈까지 쏟아지기 시작했단다.

나그네는 오들오들 떨며 다시 길을 나섰어.

꽈당!

그때 나그네가 그만 눈길에 미끄러져 넘어져 버렸어.

"아이고, 아파라! 눈 위에 서리까지 더해지니 더 미끄럽구나."

생각 펼치기

자꾸 좋지 않은 일만 일어나다니 이 나그네는 운이 없는 것 같지? 이렇듯 나쁜 일이 연달아 일어나는 것을 두고 서양에서는 '머피의 법칙'이라고 불러. 머피의 법칙이든 설상가상(雪上加霜)이든, 이럴 때일수록 필요한 건 긍정적인 마음가짐이라는 것, 잊지 마!

✏️ 바른 자세로 또박또박 따라 써 보세요.

한 번 쓰고

| 엎 | 친 | 데 | | 덮 | 친 | 다 | . | |

| | | | | | | | | |

| 설 | 상 | 가 | 상 | 雪 | 上 | 加 | 霜 | |

✏️ 뜻을 생각하며 천천히 따라 써 보세요.

또 쓰고

| 난 | 처 | 한 | | 일 | 이 | 나 | | 불 | 행 | 이 | | 잇 |

| 따 | 라 | | 일 | 어 | 난 | 다 | . | | | | | |

눈이 날아가기 전에 잡아 볼까?

✏️ 빈칸에 알맞은 '속담'을 쓰고, 문장을 완성해 보세요.

마무리

| | | | 데 | | | | 더 | 니 | | 어 | 제 |

| 는 | | 넘 | 어 | 지 | 고 | | 오 | 늘 | 은 | | 미 | 끄 | 러 |

| 졌 | 다 | . | | | | | | | | | |

아이고, 아파라!

땅!

📢 큰 목소리로 또박또박 읽어 보세요.

*엄마랑 번갈아 읽어도 재미있어요!

속담 **보고 못 먹는 것은 그림의 떡**

고사성어 **화중지병 畫 中 之 餅**

그림 **화**　가운데 **중**　어조사 **지**　떡 **병**

뜻풀이 **아무리 마음에 들어도 차지할 수 없는 것**

이야기 한 토막

꼬르륵꼬르륵.
동건이는 어젯밤부터 굶은 터라 무척 배가 고팠어. 그때 먹음직스럽게 생긴 떡 한 접시가 눈에 보였지.
"이게 웬 떡이냐!"
동건이는 얼른 손을 뻗어 떡을 집으려고 했어. 하지만 잡히는 것은 종이뿐이었어. 그림에 그려진 떡이었던 거야.
'에잇, 좋다 말았네.'

생각 펼치기

그림에 그려진 떡은 볼 수는 있지만 먹을 수는 없어. 마찬가지로 텔레비전에 나오는 화려한 옷이나 먹음직스러운 음식 역시 볼 수는 있지만 만지거나 먹을 수는 없지. 나에게 '그림의 떡'이라고 생각되는 일들에는 무엇이 있을까? 그 일을 이루려면 어떤 노력과 지혜가 필요할지 생각해 보자.

✏️ 바른 자세로 또박또박 따라 써 보세요.

내
차례

보	고		못		먹	는		것	은		그	림
의		떡										

화	중	지	병	畵	中	之	餠

📖 어휘 마당

畵 그림 화
예 화가

中 가운데 중
예 중간

餠 떡 병
예 전병

✏️ 뜻을 생각하며 천천히 따라 써 보세요.

엄마
차례

아	무	리		마	음	에		들	어	도		차
지	할		수		없	는		것				

명필가 납시오~~!

✏️ 빈칸에 알맞은 '속담'을 쓰고, 문장을 완성해 보세요.

마무리

떡	볶	이	를		사		먹	고		싶	지	만
돈	이		없	으	니	,		보	고		못	먹	는
것	은				의			과		같	구	나	.

🔊 큰 목소리로 또박또박 읽어 보세요.

*엄마랑 번갈아 읽어도 재미있어요!

속담 **같은 값이면 다홍치마**

고사성어 **동가홍상** **同 價 紅 裳**
같을 **동** 값 **가** 붉을 **홍** 치마 **상**

뜻풀이 **같은 조건이라면 좀 더 낫고 편리한 것을 택한다.**

이거 주세요!

이야기 한 토막

갑순이가 치마를 사러 시장에 갔어.
"이 치마는 얼마예요?"
갑순이는 검은색 치마를 가리키며 상인에게 물었어.
"다섯 푼입니다요. 하지만 그 치마보다는 이 다홍색 치마가 더 예쁘지 않습니까? 가격도 다섯 푼으로 같은데요."
"같은 값이면 다홍색 치마가 좋겠네요! 그것으로 주세요."
갑순이는 새로 산 고운 치마가 무척이나 마음에 들었단다.

생각 펼치기

갑순이는 처음엔 검은색 치마를 골랐지만 결국 다홍색 치마를 샀어. 가격이 같다면 누구나 갑순이처럼 좀 더 예쁘고 좋은 것을 선택할 거야. 이처럼 같은 조건이라면 더 나은 것을 선택하기 위해 꼼꼼하게 비교해 보는 것이야말로 삶의 지혜란다.

✏️ 바른 자세로 또박또박 따라 써 보세요.

한 번
쓰고

같은	값이면	다홍치마

동	가	홍	상	同	價	紅	裳

✏️ 뜻을 생각하며 천천히 따라 써 보세요.

또 쓰고

같은	조건이라면	좀	더
낫고	편리한	것을	택한다.

들어 날아가기 전에 값이 붙까?

✏️ 빈칸에 알맞은 '고사성어'를 쓰고, 문장을 완성해 보세요.

마무리

			이니	2	색	볼펜
말고	4	색	볼펜을	사야겠다.		

🔖 어휘 마당

同 같을 동
예 동일

價 값 가
예 가격

紅 붉을 홍
예 홍차, 홍역

裳 치마 상
예 의상

같은 값이면 다홍색 치마가 좋겠지요!

탁월한 선택이네요!

34

＊아빠랑 번갈아 읽어도 재미있어요!

속담 **소 잃고 외양간 고친다.**

고사성어 **망양보뢰**　　亡　羊　補　牢

망할 **망**　　양 **양**　　고칠 **보**　　우리 **뢰**

뜻풀이 **일이 잘못된 뒤에는 후회해도 소용 없다.**

이야기 한 토막

간밤에 김 씨네 외양간에 있던 소가 문을 열고 도망쳐 버렸어.
김 씨는 엉엉 울며 말했어.
"아이고, 외양간 문이 고장 난 걸 그냥 두었더니 그만 소가 도망을 가 버렸구나!"
그 모습을 본 이웃집 박 씨가 혀를 끌끌 차며 말했지.
"얼마 전 우리 집 양도 도망을 갔다네. 뒤늦게 양 우리를 고쳤지만 그런다고 양이 돌아올 리가
있나……."

생각 펼치기

어떤 일이 벌어진 뒤에 후회한 적이 있지? 뒤늦게 이렇게 하면 좋았을걸, 저렇게 하면 좋았을
텐데 하며 후회해 봤자 이미 지나간 후에는 소용이 없단다. 뒤늦게 후회하지 말고 일이 잘못되
지 않도록 미리미리 대비하는 자세가 중요하다는 것, 꼭 기억해!

✏️ 바른 자세로 또박또박 따라 써 보세요.

| 내 차례 | 소 | | 잃 | 고 | | 외 | 양 | 간 | | 고 | 친 | 다 | . |

| | | | | | | | | | | | | |

| 망 | 양 | 보 | 뢰 | 亡 | 羊 | 補 | 牢 |

월   일

📖 **어휘 마당**

亡 망할 **망**
예 **도망**

羊 양 **양**
예 **산양**

補 고칠 **보**
예 **보조**

✏️ 뜻을 생각하며 천천히 따라 써 보세요.

| 아빠 찬스 | 일 | 이 | | 잘 | 못 | 된 | | 뒤 | 에 | 는 | | 후 | 회 |
| 해 | 도 | | 소 | 용 | | 없 | 다 | . | | | | |

D명필가 났지요~~!

✏️ 빈칸에 알맞은 '속담'을 쓰고, 문장을 완성해 보세요.

마무리			잃	고				고	친	다	더
니		뒤	늦	게		후	회	해	도		소	용
없	다	.									

끌끌.

아이고, 소가 도망을 가 버렸구나!

외양간

🔊 큰 목소리로 또박또박 읽어 보세요.

*엄마랑 번갈아 읽어도 재미있어요!

속담 **하나만 알고 둘은 모른다.**

고사성어 **각주구검** **刻 舟 求 劍**
새길 **각**　배 **주**　구할 **구**　칼 **검**

뜻풀이 **생각이 밝지 못해 미련하고 융통성*이 없다.**

이야기 한 토막

한 남자가 배를 타고 강을 건너다가 그만 칼을 강물에 빠트리고 말았어.
남자는 얼른 칼이 떨어진 위치의 뱃전에 칼자국을 새겼지. 사공이 물었어.
"아니, 무얼 하고 계시오?"
"칼이 떨어진 곳을 이렇게 표시해 두면, 나중에 배가 육지에 닿았을 때 쉽게 찾을 수 있을 것이 아닙니까?"
사공은 속으로 이렇게 생각했어.
'움직이는 배에 자국을 새겨 떨어뜨린 칼을 찾으려 하다니, 저 양반은 하나만 알고 둘은 모르는 사람이구먼!'

생각 펼치기

흐르는 강물에 칼을 떨어뜨려 놓고, 육지에 내려 배 밑에서 칼을 찾으려는 남자가 참 어리석어 보이지? 배에서 칼을 떨어뜨린 위치만 생각하고 배가 계속 움직인다는 건 생각하지 못하다니, 그야말로 하나만 알고 둘은 모르는 사람이야. 이런 사람이 되지 않으려면 독서를 많이 해서 시야를 넓게 가지도록 노력하고, 무엇이 옳고 그른지 판단할 수 있는 지혜를 길러야 해.

✏️ 바른 자세로 또박또박 따라 써 보세요.

<table>
<tr><td>한 번
쓰고</td><td>하</td><td>나</td><td>만</td><td></td><td>알</td><td>고</td><td></td><td>둘</td><td>은</td><td></td><td>모</td><td>른</td><td>다.</td></tr>
</table>

각	주	구	검	刻	舟	求	劍

✏️ 뜻을 생각하며 천천히 따라 써 보세요.

또 쓰고	생	각	이		밝	지		못	해		미	련	하
	고		융	통	성	이		없	다.				

늦어 날아가기 전에 잡아 볼까?

✏️ 빈칸에 알맞은 '속담'을 쓰고, 문장을 완성해 보세요.

마무리	덕	수	는				만		알	고			은
	모	르	는		어	리	석	은		사	람	이	다.

📖 어휘 마당

刻 새길 **각**
예 조각

舟 배 **주**
예 방주

求 구할 **구**
예 탐구

劍 칼 **검**
예 검도

*융통성
형편에 따라 일을
처리하는 재주.

📢 큰 목소리로 또박또박 읽어 보세요.

＊엄마랑 번갈아 읽어도 재미있어요!

속담 **계란으로 바위 치기**

고사성어 **이란투석** **以 卵 投 石**

로써 **이** 알 **란** 던질 **투** 돌 **석**

뜻풀이 **약한 것으로 강한 것을 당해 내려는 어리석은 짓**

이야기 한 토막

암탉이 가장 늦게 낳은 막내 계란은 용기가 넘쳤어.
"엄마! 나는 저 바위를 깨고 말 거예요."
"꼬꼬댁! 넌 약하디 약한 계란이란다. 보나 마나 깨지고 말 거야."
"아니에요! 전 바위보다도 훨씬 강하다고요!"
계란이 씩씩하게 달려들자 바위는 껄껄 웃었지.
"나한테 덤비다니 참으로 용감한 계란이로구나. 하지만 어리석은 짓이니 관두거라!"
하마터면 깨질 뻔한 계란은 부끄러워 고개를 들 수 없었어.

생각 펼치기

계란으로 바위를 친다면 어떻게 될까? 당연히 계란은 산산조각이 나고 말 거야. 이렇듯 절대로 당해 낼 수 없을 만큼 강한 것에 맞서는 것은 어리석은 짓일지도 몰라. 하지만 남들이 비웃어도 꿋꿋하게 도전해서 보란 듯이 성공하는 것도 멋진 일 아닐까?

✏️ 바른 자세로 또박또박 따라 써 보세요.

내 차례	계	란	으	로		바	위		치	기	

이	란	투	석	以	卵	投	石

📓 어휘 마당

卵 알 란
예 계란

投 던질 투
예 투수

石 돌 석
예 석유, 운석

✏️ 뜻을 생각하며 천천히 따라 써 보세요.

엄마 차례	약	한		것	으	로		강	한		것	을
	당	해		내	려	는		어	리	석	은		짓

D명필가 났어요~~!

✏️ 빈칸에 알맞은 '고사성어'를 쓰고, 문장을 완성해 보세요.

마무리	그		일	은						이	니		아
무	리		애	써	도		될		리	가		없	다.

그건 어리석은 짓이니 관두거라!

내가 바위보다도 훨씬 강해요!

📢 큰 목소리로 또박또박 읽어 보세요.

*엄마랑 번갈아 읽어도 재미있어요!

속담 **입술이 없으면 이가 시린다.**

고사성어 **순망치한 脣 亡 齒 寒**
입술 **순** 망할 **망** 이 **치** 찰 **한**

뜻풀이 **서로 도우며 떨어질 수 없는 관계이다.**

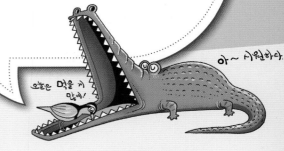

아~ 시원하다.

오늘은 먹을 거 많네!

이야기 한 토막

"아이고 답답해! 나도 세상 구경 좀 실컷 하고 싶다!"
어느 날, 입 속의 이가 불평을 터트렸어.
"늘 입술이 나를 덮고 있으니 답답해."
그러자 입술이 껄껄 웃으며 대답했어.
"내가 없으면 아마 바람이 불거나 찬 걸 먹을 때마다 금세 이가 시려서 어쩔 줄 모를걸? 우리는 떼려야 뗄 수 없는 사이라고!"

생각 펼치기

입술과 이는 서로 떼려야 뗄 수 없는 사이야. 입술과 이처럼 서로 떨어질 수 없을 만큼 가까운 친구가 있니? 있다면 서로에게 어떤 도움을 주고 있는지 생각해 볼까?

✏️ 바른 자세로 또박또박 따라 써 보세요.

한 번
쓰고

입	술	이		없	으	면		이	가		시	린
다	.											

| 순 | 망 | 치 | 한 | | 脣 | 亡 | 齒 | 寒 | | | | |

✏️ 뜻을 생각하며 천천히 따라 써 보세요.

또 쓰고

서	로		도	우	며		떨	어	질		수
없	는		관	계	이	다	.				

늘 날아가기 전에 잡아 볼까?

✏️ 빈칸에 알맞은 '속담'을 쓰고, 문장을 완성해 보세요.

마무리

악	어	와		악	어	새	는				이
					가				것	처	럼
서	로		떨	어	질		수		없	는	관	계
이	다	.									

📖 어휘 마당

脣 입술 순
예 순치

亡 망할 망
예 사망, 멸망

齒 이 치
예 치아

寒 찰 한
예 한파

📢 큰 목소리로 또박또박 읽어 보세요.

*엄마랑 번갈아 읽어도 재미있어요!

속담 **빈대 잡으려다 초가삼간* 다 태운다.**

고사성어 **교각살우 矯 角 殺 牛**

바로잡을 **교** 뿔 **각** 죽일 **살** 소 **우**

뜻풀이 **작은 잘못을 바로잡으려다 큰일을 그르친다.**

빈대안 잡으려 했는데.

이야기 한 토막

한 농부에게 귀한 소 한 마리가 있었어. 소는 일도 잘하고 튼튼하고 새끼도 잘 낳았지. 하지만 단 한 가지, 뿔이 살짝 삐뚤어져 있었어.

"뿔만 곧게 나 있으면 완벽한데…….'

농부는 소의 뿔을 바로잡아 주기로 결심했어.

"음매, 음매!"

농부가 뿔을 손으로 잡고 흔들자 소는 아파서 비명을 질러 댔지. 하지만 농부는 계속해서 뿔을 힘껏 흔들었고, 결국 소는 뿔이 뿌리째 뽑혀 죽고 말았어.

"아이고, 뿔을 바로잡으려다가 소를 죽이고 말았구나!"

생각 펼치기

'빈대 잡으려다 초가삼간 다 태운다.'라는 속담은 빈대라는 작은 벌레를 죽이려고 불을 놓았다가 결국 집 전체를 다 태운다는 말이야. 빈대 잡으려다 초가삼간을 다 태우거나, 뿔을 바로잡으려다 소를 죽이고 만 농부처럼 어리석은 사람이 되어서는 안 되겠지?

✏️ 바른 자세로 또박또박 따라 써 보세요.

내
차례

| 빈 | 대 | | 잡 | 으 | 려 | 다 | | 초 | 가 | 삼 | 간 | |

| 다 | | 태 | 운 | 다 | . | | | | | | | |

| 교 | 각 | 살 | 우 | | 矯 | 角 | 殺 | 牛 | | | | |

✏️ 뜻을 생각하며 천천히 따라 써 보세요.

엄마
차례

| 작 | 은 | | 잘 | 못 | 을 | | 바 | 로 | 잡 | 으 | 려 | 다 |

| 큰 | 일 | 을 | | 그 | 르 | 친 | 다 | . | | | | |

명필과 냉치의~~!

✏️ 빈칸에 알맞은 '고사성어'를 쓰고, 문장을 완성해 보세요.

마무리

| | | | 처 | 럼 | | 작 | 은 | | 잘 | 못 | 을 | |

| 고 | 치 | 려 | 다 | | 일 | 을 | | 전 | 부 | | 망 | 치 | 고 |

| 말 | 았 | 다 | . | | | | | | | | | |

📖 어휘 마당

矯 바로잡을 교
예 교정

角 뿔 각
예 시각

殺 죽일 살
예 살인

牛 소 우
예 우유

*초가삼간
아주 작은 초가집.

🔊 큰 목소리로 또박또박 읽어 보세요.

＊엄마랑 번갈아 읽어도 재미있어요!

속담 **문 연 놈이 문 닫는다.**

고사성어 **결자해지 結 者 解 之**

맺을 **결** 사람 **자** 풀 **해** 어조사 **지**

뜻풀이 **자기가 저지른 일은 자기가 해결해야 한다.**

내가 묶은 매듭은 내가 풀어야지!

이야기 한 토막

태강이가 친구들과 놀러 나가면서 그만 창문을 활짝 열어 놓았어. 그런데 그 사이에 비바람이 불어 방 안이 온통 엉망이 되었지 뭐야.

"네가 저지른 일이니 네가 해결해야 한다!"

엄마가 집에 돌아온 태강이에게 단호하게 말했지.

결국 태강이는 어질러진 방 안을 혼자서 다 청소해야 했단다.

생각 펼치기

자신이 끈의 매듭을 지었다면 그것을 풀어야 하는 사람 또한 자기 자신이야. 즉, 자기가 잘못을 저질렀다면 해결하기 위한 노력도 스스로 해야 한다는 뜻이지. 지혜로운 사람은 어떤 문제가 생겼을 때 누군가 해결해 주길 기다리며 불평만 하지 않아. 자기가 만든 문제는 자기가 책임지고 풀어야 한다는 것을 잘 알지. 야구를 하다가 실수로 이웃집 창문을 깼다면 어떻게 해야 할까? '결자해지(結者解之)'의 뜻을 되새기며 지혜로운 해결 방법을 생각해 보자.

✏️ 바른 자세로 또박또박 따라 써 보세요.

한 번
쓰고

문	연	놈	이	문		닫	는	다	.

결	자	해	지		結	者	解	之	

📖 어휘 마당

結 맺을 **결**
예 **결**과, **결**혼

者 사람 **자**
예 환**자**, 기**자**

解 풀 **해**
예 화**해**

✏️ 뜻을 생각하며 천천히 따라 써 보세요.

또 쓰고

자	기	가		저	지	른		일	은		자	기
가		해	결	해	야		한	다	.			

날아가기 전에 잡아 볼까?

✏️ 빈칸에 알맞은 '고사성어'를 쓰고, 문장을 완성해 보세요.

마무리

				라	고		했	으	니		내
일	은		내	가		해	결	해	야	지	.

네가 저지른
일이니 네가
해결해야 한다!

쌩!

헝!

📢 큰 목소리로 또박또박 읽어 보세요.

＊아빠랑 번갈아 읽어도 재미있어요!

속담 **한강에 돌 던지기**

고사성어 **한강투석 漢 江 投 石**
한수 **한** 강 **강** 던질 **투** 돌 **석**

뜻풀이 **아무리 돕거나 애를 써도 보람이 없다.**

아무리 운동을 해도 살이 빠지지 않아!

🗨 이야기 한 토막

돌쇠가 한강을 지나고 있었어. 한 남자가 한강에 돌을 자꾸만 집어던지고 있었지.
"왜 애꿎은 강에 자꾸만 돌을 던지시오?"
"한강이 너무 넓어 배가 없으면 건널 수 없으니, 돌로 한강을 메꿔 보려고 그러오."
남자의 말에 돌쇠는 속으로 이렇게 비웃었어.
'돌을 던져 한강을 메꾸려 하다니 저런 어리석은 사람을 다 보았나!'

🗨 생각 펼치기

돌을 던져 한강을 메꿀 수 있을까? 힘만 들 뿐 성공하긴 어려울 거야. 목표가 너무 높으면 금방 지쳐서 포기하려는 마음이 생긴단다. 때로는 눈을 조금 낮춰서 차근차근 목표에 도달해 가는 것도 좋은 방법이야. '한강투석(漢江投石)'과 반대되는 뜻을 가진 고사성어로는 앞에서 배운 '우공이산(愚公移山)'이 있어.

✏️ 바른 자세로 또박또박 따라 써 보세요.

내 차례
| 한 | 강 | 에 | | 돌 | | 던 | 지 | 기 | |
| | | | | | | | | | |

| 한 | 강 | 투 | 석 | 漢 | 江 | 投 | 石 |

✒️ 어휘 마당

漢 한수 한
예 한강

江 강 강
예 강촌, 강변

✏️ 뜻을 생각하며 천천히 따라 써 보세요.

아빠 찬스
| 아 | 무 | 리 | | 돕 | 거 | 나 | | 애 | 를 | | 써 | 도 |
| 보 | 람 | 이 | | 없 | 다 | . | | | | | | |

D명필가 넝치의~~!

投 던질 투
예 투척

✏️ 빈칸에 알맞은 '속담'을 쓰고, 문장을 완성해 보세요.

마무리
·	아	무	리		운	동	을		해	도		살	이
빠	지	지		않	으	니		마	치				에
	을		던	지	는		것		같	다	.		

石 돌 석
예 화석

돌로 한강을 메꿔 보려고 그러오.

천범!

그렇게 한다고 되겠어요?

5장

함께하는 우리

매일 체크!

☐ **41일차**　　먹을 가까이하면 검어진다

　　☐ **42일차**　　가재는 게 편

☐ **43일차**　　원님 덕에 나팔 분다

　　☐ **44일차**　　하룻강아지 범 무서운 줄 모른다

☐ **45일차**　　굴러 온 돌이 박힌 돌 뺀다

　　☐ **46일차**　　토끼를 다 잡으면 사냥개도 삶는다

☐ **47일차**　　제 논에 물 대기

　　☐ **48일차**　　미꾸라지 한 마리가 온 웅덩이를 흐려 놓는다

☐ **49일차**　　우물 안 개구리

　　☐ **50일차**　　외손뼉이 소리 날까

📢 큰 목소리로 또박또박 읽어 보세요.

*엄마랑 번갈아 읽어도 재미있어요!

속담	먹을 가까이하면 검어진다.
고사성어	근묵자흑　近 墨 者 黑 가까울 **근**　먹 **묵**　사람 **자**　검을 **흑**
뜻풀이	나쁜 사람을 가까이하면 나쁜 버릇에 물들기 쉽다.

내가 좋은 친구가 될 수 있을까?

이야기 한 토막

만수는 성실하고 열심히 농사를 짓는 농부였어. 어느 날, 만수네 옆집에 덕팔이가 이사를 왔지. 덕팔이는 먹는 것만 밝히는 게으름뱅이였어. 만수는 사람 좋아 보이는 덕팔이와 친해져 날마다 어울려 다녔단다. 그러다 보니 어느새 농사는 나중이 되어 버렸지.
이 모습을 본 마을 노인이 혀를 차며 말했어.
"먹을 가까이 하면 검어진다더니, 쯧쯧."

생각 펼치기

'까마귀 노는 곳에 백로야 가지 마라.'라는 시조를 들어 본 적이 있지? 흰 백로가 검은 까마귀가 있는 곳에 가면 똑같이 검게 될까 봐 염려하는 내용이야. 근묵자흑(近墨者黑)도 이와 같아. 먹을 가까이하면 검어지듯 나쁜 사람을 가까이하면 나쁜 버릇에 물들기 쉽단다. 반대로 좋은 사람을 가까이하면 좋은 버릇이 들게 되지. 그러니 좋은 친구를 사귀어야겠지? 물론 그보다 먼저 내가 누군가에게 좋은 친구가 되어 주면 더 좋고 말이야.

✏️ 바른 자세로 또박또박 따라 써 보세요.

한 번
쓰고 | 먹 | 을 | | 가 | 까 | 이 | 하 | 면 | | 검 | 어 | 진 | 다. |

| 근 | 묵 | 자 | 흑 | 近 | 墨 | 者 | 黑 |

✏️ 뜻을 생각하며 천천히 따라 써 보세요.

또 쓰고 | 나 | 쁜 | | 사 | 람 | 을 | | 가 | 까 | 이 | 하 | 면 |
| 나 | 쁜 | | 버 | 릇 | 에 | | 물 | 들 | 기 | | 쉽 | 다. |

해(서) 날아가기 전에 잡아 볼까?

✏️ 빈칸에 알맞은 '고사성어'를 쓰고, 문장을 완성해 보세요.

마무리 | | | | 이 | 라 | | 했 | 으 | 니 | | 좋 | 은 |
| 친 | 구 | 를 | | 사 | 귀 | 어 | 야 | | 한 | 다. |

📖 어휘 마당

近 가까울 근
예 근시

墨 먹 묵
예 수묵화

者 사람 자
예 기술자

黑 검을 흑
예 흑백

까마귀들과
가까이하지
말았으면 좋겠어.

?

까악~! 까악!

📢 큰 목소리로 또박또박 읽어 보세요.

＊아빠랑 번갈아 읽어도 재미있어요!

속담 **가재는 게 편**

고사성어 **유유상종 類 類 相 從**
무리 **유**　　무리 **유**　　서로 **상**　　따를 **종**

뜻풀이 **같은 무리끼리 서로 따름.**

우린 한편이야!

이야기
한 토막

가재와 불가사리 사이에 싸움이 붙었어.
모두 다 불가사리의 편을 들 때, 게만이 가재의 편을 들어주었지.
"게 형님! 정말 고맙습니다. 그런데 왜 제 편을 들어주셨어요?"
"같은 무리끼리 서로 따르는 것처럼, 서로 생김새가 닮은 우리가 서로의 편을 들어줘야 하지
않겠어? 에헴."
"역시 형님뿐입니다!"

생각
펼치기

생김새가 비슷하다고 가재의 편을 들어주는 게처럼, 무언가 비슷한 점이 있으면 서로 잘 맞아 친
구가 되기 쉽단다. 겉모습이 비슷하든 생각하는 게 비슷하든 공통점을 가지고 있기 때문이야.
아마 나와 가장 친한 친구도 찾아보면 서로 닮은 점이 많을걸?

✏️ 바른 자세로 또박또박 따라 써 보세요.

내 차례

가	재	는		게		편			

유	유	상	종	類	類	相	從

📖 어휘 마당

類 무리 유(류)
예 파충류, 종류

相 서로 상
예 상대

從 따를 종
예 고종사촌

✏️ 뜻을 생각하며 천천히 따라 써 보세요.

아빠 찬스

같은		무	리	끼	리		서	로		따	름.

D 영필라 냉치인~~!

✏️ 빈칸에 알맞은 '속담'을 쓰고, 문장을 완성해 보세요.

마무리

						이	라	더	니		돌

쇠	는		개	똥	이		편	만		든	다.

우린 닮았으니 서로 편을 들어줘야 하지 않겠니?

큰 목소리로 또박또박 읽어 보세요.

*엄마랑 번갈아 읽어도 재미있어요!

속담 원님 덕에 나팔 분다.

고사성어 호가호위　狐　假　虎　威
여우 **호**　빌릴 **가**　호랑이 **호**　위엄 **위**

뜻풀이 남의 힘을 빌려 허세*를 부린다.

야! 나한테 잘해. 선생님께 일러바칠 거야!

이야기 한 토막

호랑이에게 잡힌 여우가 조금도 겁먹지 않고 말했어.
"내가 너보다 훨씬 힘 센 동물의 왕이라고! 나를 한번 따라와 보지그래."
호랑이는 고개를 갸웃하며 여우를 뒤따랐어. 정말 동물들은 여우를 보자마자 달아나기에 바빴지.
"여우 님, 몰라뵈어 죄송합니다."
사실 동물들은 여우 뒤에 있는 호랑이를 보고 달아난 거였어. 하지만 그 사실을 알지 못하는 호랑이는 꽁지가 빠지게 도망가 버렸단다.

생각 펼치기

'원님 덕에 나팔 분다.'라는 속담은 원님을 따르며 후한 대접을 같이 받는 사람이, 마치 자신이 원님이라도 되는 양 착각한다는 뜻이란다. 선생님과 조금 친하다고 해서 다른 친구들 앞에서 선생님이라도 되는 양 으스대는 친구가 있다면 어떨까? 그런 친구에게 뭐라고 이야기해 주면 좋을지 생각해 보자.

✏️ 바른 자세로 또박또박 따라 써 보세요.

한 번
쓰고

원	님		덕	에		나	팔		분	다	.

호		가		호		위		狐	假	虎	威

📖 **어휘 마당**

狐 여우 **호**
예 구미호

假 빌릴 **가**
예 가령

虎 호랑이 **호**
예 백호

威 위엄 **위**
예 위협

✏️ 뜻을 생각하며 천천히 따라 써 보세요.

또 쓰고

남	의		힘	을		빌	려		허	세	를
부	린	다	.								

날아가기 전에 잡아 볼까?

✏️ 빈칸에 알맞은 '속담'을 쓰고, 문장을 완성해 보세요.

마무리

			덕	에						더	니
여	우	가		호	랑	이	의		힘	을	빌	려
으	스	댄	다	.							

*허세
실속 없이 과장되게
부풀린 기세.

저거 봐! 나 보고 동물들이 도망치잖아.

📢 큰 목소리로 또박또박 읽어 보세요.

*엄마랑 번갈아 읽어도 재미있어요!

속담 ## 하룻강아지 범 무서운 줄 모른다.

고사성어 ## 당랑거철　螳　螂　拒　轍

사마귀 **당**　사마귀 **랑**　막을 **거**　바퀴 **철**

뜻풀이 ## 자신의 분수를 모르고 철없이 함부로 덤빈다.

받아라! 얍얍!
내가 제일 세다.

이야기 한 토막

중국 제나라의 장공이란 사람이 어느 날 수레를 타고 사냥을 갔어.

그때 사마귀 한 마리가 수레를 향해 달려들었지. 그러더니 가느다란 두 앞발로 수레의 바퀴를 막아서는 것이 아니겠어?

"허허. 연약한 사마귀 주제에 커다란 수레바퀴를 막으려 하다니……."

장공은 사마귀의 용기에 혀를 끌끌 차며 사마귀를 피해 수레의 바퀴를 돌렸다고 해.

생각 펼치기

하룻강아지는 태어난 지 얼마 안 되는 어린 강아지를 말해. 이 어린 강아지가 범, 즉 호랑이를 무서워하지 않고 덤빈다고 생각해 봐. 호랑이 입장에서 보면 얼마나 가소로울까? 전혀 상대가 되지 않는데 그런 사실을 모르고 저만 잘난 줄 알고 있으니 말이야.

하룻강아지나 이야기에 나온 사마귀처럼 웃어른에게 철없이 대든 적이 있니? 그런 행동이 왜 잘못되었는지, 웃어른 앞에서는 어떻게 행동해야 하는지 생각해 보자.

✏️ 바른 자세로 또박또박 따라 써 보세요.

내 차례

하	룻	강	아	지		범		무	서	운		줄
모	른	다	.									

당	랑	거	철		螳	螂	拒	轍

✏️ 뜻을 생각하며 천천히 따라 써 보세요.

엄마 차례

자	신	의		분	수	를		모	르	고		철
없	이		함	부	로		덤	빈	다	.		

명필가 났어요~~!

✏️ 빈칸에 알맞은 '속담'을 쓰고, 문장을 완성해 보세요.

마무리

							범					줄
모	른	다	더	니		유	치	원	생	이		일
학	년	에	게		덤	빈	다	.				

📖 어휘 마당

螳螂 당랑
▶ 사마귓과에 속한 곤충을 통틀어 이르는 말

拒 막을 거
예 **거절, 거부**

허허. 대단한 **용기**로구나!

멈추시오!

45일차

🔊 큰 목소리로 또박또박 읽어 보세요.

＊엄마랑 번갈아 읽어도 재미있어요!

속담 **굴러 온 돌이 박힌 돌 뺀다.**

고사성어 **주객전도** **主 客 顚 倒**

주인 **주**　손님 **객**　뒤집힐 **전**　넘어질 **도**

뜻풀이 **다른 곳에서 온 사람이 본래 있던 사람의 위치를 차지한다.**

새로 들어오자마자 주전 선수가 되었습니다.

이야기 한 토막

동글동글 조약돌은 오랫동안 누워 지내 온 지금의 자리가 마음에 들었어. 햇볕이 따스하게 들고 새들의 노랫소리도 잘 들렸거든.

그러던 어느 날, 바람이 심하게 불었어. 어디선가 울퉁불퉁 주먹돌이 굴러 와 조약돌을 때렸지. 그 바람에 조약돌은 데굴데굴 굴러 축축한 늪 속으로 빠져 버렸고, 원래 조약돌이 누워 있던 자리는 주먹돌이 차지해 버렸어. 늪 속에서 조약돌이 한숨을 쉬며 말했어.

"저긴 내 자리인데! 주인과 손님의 위치가 뒤바뀌었구나!"

생각 펼치기

반장 선거에서 내가 아니라 얼마 전에 새로 전학 온 친구가 반장으로 뽑혔다면 어떨까? 마치 굴러 온 돌 때문에 원래 자리를 빼앗긴 돌 같은 기분이 들겠지? 이렇게 주객전도(主客顚倒)의 상황을 겪은 적이 있다면 그때의 기분이 어떠했는지 생각해 보자.

✏️ 바른 자세로 또박또박 따라 써 보세요.

한 번
쓰고

| 굴 | 러 | | 온 | | 돌 | 이 | | 박 | 힌 | | 돌 |
| 뺀 | 다 | . | | | | | | | | | |

| 주 | 객 | 전 | 도 | | 主 | 客 | 顚 | 倒 |

📖 어휘 마당

主 주인 **주**
예 **주**장

客 손님 **객**
예 방문**객**

顚 뒤집힐 **전**
예 **전**도

倒 넘어질 **도**
예 압**도**, 타**도**

✏️ 뜻을 생각하며 천천히 따라 써 보세요.

또 쓰고

다	른		곳	에	서		온		사	람	이
본	래		있	던		사	람	의		위	치	를
차	지	한	다	.							

늘어 날아가기 전에 잡아 볼까?

🖊️ 빈칸에 알맞은 '속담'을 쓰고, 문장을 완성해 보세요.

마무리

		온						돌
		고		전	학	생	이		준	혁	이	를
제	치	고		일	등	을		했	다	.	

 큰 목소리로 또박또박 읽어 보세요.

＊엄마랑 번갈아 읽어도 재미있어요!

속담 **토끼를 다 잡으면 사냥개도 삶는다.**

고사성어 **토사구팽** 兎 死 狗 烹

토끼 **토** 죽을 **사** 개 **구** 삶을 **팽**

뜻풀이 **필요할 때는 실컷 써먹고 쓸모없어지면 야박하게 버린다.**

 이야기 한 토막

사냥을 아주 잘하는 사냥개가 있었어. 사냥개는 주인을 위해 열심히 이리저리 뛰어다니고, 멍멍 짖으며 토끼를 여러 마리 잡았지.
"나는 이 숲에서 가장 사냥을 잘하는 개다!"
으스대는 사냥개에게 토끼들이 말했어.
"인간들은 우리 토끼를 다 잡고 나면 너도 삶아 먹어 버릴 거야."
"팽 당하고 나면 후회할 거라고!"

 생각 펼치기

토끼는 인간들이 사냥을 마치고 나면 사냥개마저 잡아먹어 버릴 거라고 경고하고 있어. 예를 들면 돈 많은 친구가 맛있는 것 사 줄 때는 같이 놀다가, 돈이 없다고 같이 놀지 않겠다고 하는 경우가 토사구팽(兎死狗烹)과 같지. 참 매정하고 야박한 행동이야. 이런 행동은 삼가는 게 좋겠지?

✏️ 바른 자세로 또박또박 따라 써 보세요.

내 차례

토	끼	를		다		잡	으	면		사	냥	개
도		삶	는	다	.							

| 토 | 사 | 구 | 팽 | 兔 | 死 | 狗 | 烹 | |

📖 어휘 마당

死 죽을 사
예 사망

狗 개 구
예 백구

✏️ 뜻을 생각하며 천천히 따라 써 보세요.

엄마 차례

필	요	할		때	는		실	컷		써	먹	고
쓸	모	없	어	지	면		야	박	하	게		버	린
다	.											

명필가 넓세요~~!

✏️ 빈칸에 알맞은 '고사성어'를 쓰고, 문장을 완성해 보세요.

마무리

사	냥	개	는		결	국		포	수	에	게
			을		당	하	고		말	았	다	.

📣 큰 목소리로 또박또박 읽어 보세요.

*엄마랑 번갈아 읽어도 재미있어요!

속담 **제 논에 물 대기**

고사성어 **아전인수 我 田 引 水**
나 **아** 밭 **전** 끌 **인** 물 **수**

뜻풀이 **자기에게만 이롭게 생각하거나 행동함.**

거리 가! 다 내 꺼야.

이야기 한 토막

어느 마을에 한 달째 비가 오지 않았어. 논밭이 메마르고 농작물은 시들시들해지기 시작했지. 마을에는 산에서 내려오는 물줄기 하나가 있었는데, 매일 밤 동네 사람들은 저마다 물줄기를 자기 논으로 몰래 끌어오느라 바빴어.
"어른들은 왜 자기 논에만 물을 대려고 하죠? 사이좋게 나눠 쓰면 좋을 텐데……."
꼬마의 말에 동네 사람들은 모두 부끄러워 고개를 들 수 없었단다.

생각 펼치기

교실에서 화재 훈련을 할 때, 서로 자기만 먼저 빠져나가려고 한다면 어떻게 될까? 아마 모두 대피하는 데 더 오랜 시간이 걸릴 거야. 이렇듯 자기에게만 이롭게 행동하는 이기적인* 모습은 결국 나뿐만 아니라 모두에게 피해를 끼친단다.

✏️ 바른 자세로 또박또박 따라 써 보세요.

한 번
쓰고

제	논	에	물	대	기			

아	전	인	수	我	田	引	水	

✏️ 뜻을 생각하며 천천히 따라 써 보세요.

또 쓰고

자	기	에	게	만		이	롭	게		생	각	하

거	나		행	동	함	.						

을(를) 날아가기 전에 잡아 볼까?

✏️ 빈칸에 알맞은 '고사성어'를 쓰고, 문장을 완성해 보세요.

마무리

현	대	인	들	은		자	기		욕	심	만

채	우	는						의		모	습	을

많	이		보	인	다	.					

월   일

🔖 어휘 마당

我 나 아
예 아군

田 밭 전
예 전원, 염전

引 끌 인
예 할인

水 물 수
예 해수욕장

*이기적인
자기 자신의 이익만
을 꾀하는.

큰 목소리로 또박또박 읽어 보세요.

*엄마랑 번갈아 읽어도 재미있어요!

속담 **미꾸라지 한 마리가 온 웅덩이를 흐려 놓는다.**

고사성어 **일어탁수 一 魚 濁 水**

하나 **일** 물고기 **어** 흐릴 **탁** 물 **수**

뜻풀이 **한 사람의 잘못으로 여러 사람이 피해를 입는다.**

 이야기 한 토막

말썽꾸러기로 소문난 미꾸라지가 옆 개울로 놀러 왔어.
"장구애비야, 공부는 그만하고 나랑 놀자!"
"물방개야, 엄마 심부름은 하지 말고 나랑 놀자. 응?"
"송사리들아, 우리 개구리 알을 훔쳐서 개구리를 골탕 먹이자!"
모두 모여 한껏 장난을 치고 있을 때, 개구리가 나타나 미꾸라지의 머리에 꿀밤을 놓았어.
"못된 것! 물고기 한 마리가 물을 탁하게 만든다더니, 너 얼른 너희 집으로 가!"

 생각 펼치기

말썽꾸러기 미꾸라지 한 마리 때문에 개울의 어린 친구들이 모두 말썽꾸러기가 되고 말았어.
단체 생활인 학교생활에서는 한 사람의 잘못으로 여러 사람이 피해를 입게 될 때가 많아. 모두에게 피해를 주지 않기 위해서는 나부터 올바르게 행동해야 한단다.

✏️ 바른 자세로 또박또박 따라 써 보세요.

내 차례

미꾸라지 한 마리가 온 웅덩이를 흐려 놓는다.

일어탁수 一魚濁水

✏️ 뜻을 생각하며 천천히 따라 써 보세요.

엄마 차례

한 사람의 잘못으로 여러 사람이 피해를 입는다.

명필과 낳씨인~~!

✏️ 빈칸에 알맞은 '고사성어'를 쓰고, 문장을 완성해 보세요.

마무리

　　　　라더니 말똥이 때문에 서당이 난장판이 되었다.

어휘 마당

一 하나 일
예 일등

魚 물고기 어
예 인어, 어류

濁 흐릴 탁
예 탁주

水 물 수
예 수영

월　일

못된 것! 너 일론 너 집으로 가!

큰 목소리로 또박또박 읽어 보세요.

*엄마랑 번갈아 읽어도 재미있어요!

속담 **우물 안 개구리**

고사성어 **좌정관천　坐　井　觀　天**

앉을 **좌**　우물 **정**　볼 **관**　하늘 **천**

뜻풀이 **보고 듣는 것이 좁아 세상 돌아가는 일을 모른다.**

세상이 이렇지 넓다니!

 이야기 한 토막

우물 안에 살고 있는 개구리가 있었어.

개구리는 매일 하늘을 올려다보며 노래 불렀어.

"이 세상은 온통 돌로 둘러싸여 있어. 하늘은 내 손바닥만큼 작지."

어느 날, 우물 안으로 떨어진 빗방울이 개구리에게 말했어.

"이 세상은 엄청나게 넓어. 온갖 동물과 식물이 저마다 재미나게 살고 있단다."

"그럴 리 없어!"

개구리는 도리도리 고개를 저었어. 그러고는 다시 노래 부르기 시작했어.

"이 세상은 온통 돌로 둘러싸여 있어. 하늘은……."

생각 펼치기

우물 속에 살고 있는 개구리는 자기가 살고 있는 곳이 세상의 전부라고 생각해. 우물 밖으로 나가 본 적이 없어서 빗방울이 사실을 이야기해 주어도 믿지 않지. 이렇듯 보고 듣는 것이 좁아 세상 돌아가는 일을 잘 모르는 우물 안 개구리 같은 사람이 되어서는 안 되겠지?

✏️ 바른 자세로 또박또박 따라 써 보세요.

한 번 쓰고

우	물	안		개	구	리	

좌	정	관	천	坐	井	觀	天

📖 어휘 마당

坐 앉을 **좌**
예 **좌석**

井 우물 **정**
예 **정화수**

觀 볼 **관**
예 **관광지**

天 하늘 **천**
예 **천문학자**

✏️ 뜻을 생각하며 천천히 따라 써 보세요.

또 쓰고

보	고		듣	는		것	이		좁	아		세
상		돌	아	가	는		일	을		모	른	다 .

내가 날아가기 전에 잡아 볼까?

✏️ 빈칸에 알맞은 '속담'을 쓰고, 문장을 완성해 보세요.

마무리

책	을		읽	지		않	으	면		
안				가		되	기		쉽	다 .

📢 큰 목소리로 또박또박 읽어 보세요.

＊아빠랑 번갈아 읽어도 재미있어요!

속담 **외손뼉이 소리 날까**

고사성어 **고장난명** **孤 掌 難 鳴**

외로울 **고** 손바닥 **장** 어려울 **난** 울 **명**

뜻풀이 **함께 힘을 합쳐 일을 해야지, 혼자서는 잘하기 어렵다.**

같이 해야지

싫어!

이야기 한 토막

오른손이 으스대며 말했어.
"주인님이 주로 사용하는 것은 나 오른손이야! 왼손인 너는 가만히 있거나 어쩌다 거들 뿐이니 아무 짝에도 쓸모가 없지!"
잠시 후, 주인이 박수를 치려 했지만 화가 난 왼손은 꼼짝도 하지 않았어. 오른손이 혼자서 아무리 이리저리 움직여 보아도 박수를 칠 수 없었지. 그제야 오른손은 후회를 했어.
"내가 아무리 잘난 척해도 왼손이 없으면 박수조차 치지 못하는구나……."

생각 펼치기

운동회에서 콩주머니 던지기를 해 본 적이 있니? 모두가 힘을 합쳐 콩주머니를 던지지 않고 나 혼자 던져서는 박을 열기 힘들어. 어쩌면 밤을 꼬박 새야 할지도 몰라. 누군가와 함께 일을 할 때에는 상대방과 힘을 합쳐서 하는 게 좋아. 이와 비슷한 뜻을 가진 속담으로 '백지장도 맞들면 낫다.'가 있어.

✏️ 바른 자세로 또박또박 따라 써 보세요.

내 차례	외	손	뼉	이		소	리		날	까

고	장	난	명	孤	掌	難	鳴	

📖 어휘 마당

孤 외로울 **고**
예 **고**아

掌 손바닥 **장**
예 **장**갑

難 어려울 **난**
예 가**난**

鳴 울 **명**
예 자**명**종

✏️ 뜻을 생각하며 천천히 따라 써 보세요.

아빠 찬스		함	께		힘	을		합	쳐		일	을		해

야	지	,		혼	자	서	는		잘	하	기		어	렵

다	.													

명필가 났어요~~!

✏️ 빈칸에 알맞은 '고사성어'를 쓰고, 문장을 완성해 보세요.

마무리					이	라	고		했	듯	이		고

집	부	린	다	고		혼	자	서		일	을		할

수	는		없	다	.								

기적의 명문장 따라쓰기 – 속담·고사성어 편
The Miracle Handwriting Sentences:
The Proverbs

초판 1쇄 발행　2015년 9월 30일
초판 27쇄 발행　2024년 4월 12일

지은이　강효미
발행인　이종원
발행처　길벗스쿨
출판사 등록일　2006년 6월 16일
주소　서울시 마포구 월드컵로 10길 56(서교동 467-9)
대표 전화　02)332-0931　**팩스**　02)323-0586
홈페이지　www.gilbutschool.co.kr　**이메일**　gilbut@gilbut.co.kr

기획 및 책임 편집　신경아(skalion@gilbut.co.kr)　**제작**　이준호, 손일순, 이진혁
영업마케팅　문세연, 박선경, 박다슬　**웹마케팅**　박달님, 이재윤, 이지수, 나혜연　**영업관리**　김명자, 정경화　**독자지원**　윤정아

편집 진행 및 교정　김혜영　**디자인**　눈디자인(www.noondesign.com)　**일러스트**　김태형
전산편집　지누커뮤니케이션　**CTP출력/인쇄**　영림인쇄　**제본**　영림제본

ISBN 979-11-6406-557-8　63710
길벗스쿨 도서번호 10905

가격 : 13,000원

독자의 1초를 아껴주는 정성 **길벗출판사**

길벗스쿨 | 국어학습서, 수학학습서, 유아콘텐츠유닛, 주니어어학, 어린이교양, 교과서, 길벗스쿨콘텐츠유닛
길벗 | IT실용서, IT/일반 수험서, IT전문서, 어학단행본, 어학수험서, 경제실용서, 취미실용서, 건강실용서, 자녀교육서
더퀘스트 | 인문교양서, 비즈니스서